2014年"中国博士后科学基金第56批面上资助"：

《低碳发展中的公众参与制度研究》

可再生能源配额
与相关法律制度研究

LEGAL RESEARCH ON RENEWABLE PORTFOLIO
STANDARD AND RELATIVE SYSTEM

岳小花◎著

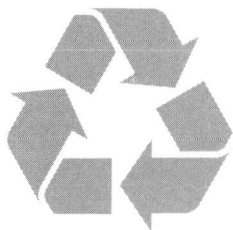

中国政法大学出版社

2015·北京

图书在版编目（CIP）数据

可再生能源配额与相关法律制度研究/岳小花著.—北京：中国政法大学出版社，2015.4

ISBN 978-7-5620-5934-9

Ⅰ.①可… Ⅱ.①岳… Ⅲ.①再生能源－配额－研究－中国②再生能源－能源法－研究－中国 Ⅳ.①F426.2②D922.674

中国版本图书馆CIP数据核字(2015)第053525号

出 版 者 中国政法大学出版社

地 址 北京市海淀区西土城路25号

邮寄地址 北京 100088 信箱 8034 分箱 邮编 100088

网 址 http://www.cuplpress.com（网络实名：中国政法大学出版社）

电 话 010-58908289(编辑部) 58908334(邮购部)

承 印 固安华明印业有限公司

开 本 880mm×1230mm 1/32

印 张 8.25

字 数 185千字

版 次 2015年6月第1版

印 次 2015年6月第1次印刷

定 价 28.00元

内容摘要
Abstract

　　可再生能源配额制度（Renewable Portfolio Standard）是国际上发展可再生能源的制度选择之一。目前国内外学者对可再生能源配额制度的定义基本上已经达成共识，即它是指一个国家或者地区用法律形式对各种可再生能源技术所提供的能源数量或在总的能源供应中所占份额进行强制规定，其价格由市场决定，以推动可再生能源发展的制度。目前该制度主要应用于可再生能源发电领域。

　　总量目标制度、固定电价制度、绿色电力制度以及全额保障性收购制度等均是加快可再生能源开发利用的有效制度形式。相比可再生能源配额制度，总量目标制度处于更高的位阶，而且对于固定电价制度、绿色电力制度、全额保障性收购制度等均起着目标引导的作用，在我国发展可再生能源的制度体系中处于基础地位。固定电价制度与可再生能源配额制度是发展可再生能源的两大基本制度。二者在电价的定价机制、电价分摊机制以及对不同可再生能源技术所造成的影响有所不同。绿色电力制度则是基于消费者自愿选择的制度。全额保障性收购制度是我国为了保障可再生能源发电入网而对电网企业提出的要求。

由于可再生能源配额制度具有种种发展可再生能源的优势,诸如能够为开发可再生能源提供持续的市场保障;使可再生能源资源在市场经济中不断得到优化配置等。因此自20世纪八九十年代可再生能源配额制度在欧洲和北美洲开始实施以来,越来越多的国家和地区开始将其作为一国或地区开发可再生能源的基本制度。截止到2014年底,全球有24个国家和5个国家的地方层面实施可再生能源配额政策。但是可再生能源配额制度并不是完美无缺的,它在推动可再生能源的多元化发展、保障可再生能源投资安全、维护企业公平竞争、最大限度地开发可再生能源等方面还存在着一些缺陷,这就需要我国取长补短,通过制定其他激励性政策,促进社会各界对可再生能源的自愿性投资和开发,从而共同推动可再生能源的发展。

可再生能源配额制度虽然仅是一种促进对可再生能源进行开发利用的制度选择之一,但是该制度的实施目的、制度的确立、制度的具体实施及不断完善,体现了一些基本的理论和价值观。首先,它作为开发可再生能源的基本制度,体现了可持续发展的基本理念和价值观,是我国当前坚持科学发展观、实现经济社会的可持续发展在可再生能源领域的具体体现。其次,体现了经济学的基本理论。发展可再生能源是一种正外部性行为,该制度是外部性理论在能源开发利用中的具体体现。此外，可再生能源配额制度作为社会经济运行中的一个微观制度，其产生、发展以及消亡体现了制度的博弈与变迁，也受到制度经济学基本理论的影响。最后，体现了企业的社会责任理论。发展可再生能源配额制度，强制性地要求一些企业承担发展可再生能源的责任，推动企业实现其应当承担的保护环境的社会责任。

总体来说，国外可再生能源配额制度的内容主要包括：①可再生能源发展的总量目标，即一定时期内可再生能源在一国或地区要达到的开发利用数量或者在一国能源总体开发利用中所达到的比例；②制度实施的主体，即由哪类或哪几类主体来承担发展可再生能源的配额指标义务；③制度实施的客体，即哪些可再生能源技术种类适用于可再生能源配额制度；④配额义务的分配标准，即解决怎么分配的问题；⑤制度实施的重要手段，即绿色证书制度；⑥制度实施的监督管理机构；⑦法律责任等。

可再生能源发展的总量目标作为可再生能源配额制度的前提条件，对于引导该制度的具体实施起着重要的作用。越来越多的国家或地区开始制定本国或地区的可再生能源发展总量目标。在这些国家或地区中，在目标的计算方式上往往有绝对量目标和比例目标的不同，在具体内容和时间期限上也有所不同，但是各国及各地区都规定可再生能源的发展量随着时间推移而不断增加。我国虽然已经通过《可再生能源中长期规划》和《可再生能源发展

"十二五"规划》对发展可再生能源的目标和规划作了一定的规定，但是还存在不少问题，将来需要进一步推动地方制定可再生能源目标；并细化现有目标的年度发展目标或发展比例；增强目标的准确性，使总量目标更便于计算和便于配额义务目标的具体分配。此外应综合考虑多种因素，尽量使总量目标最大限度地发挥对可再生能源发展的指引作用。

　　在可再生能源配额制度实施过程中，主客体要素是配额制度能否顺利实施的核心要素。一般来说，一国电力市场的参与者不外乎有发电商、输电商、供电商和消费者。国外往往将发电商、供电商或消费者作为配额义务主体。我国电力市场发展具有自己的特殊国情，虽然实现了发电领域的市场化运行，但是输配电、供电等还未完全市场化，因此应首先考虑将发电商作为配额义务的实施主体；此外，鉴于我国目前可再生能源发电面临的"入网难"问题已经严重影响了可再生能源的发电规模和进一步发展，为了督促电网企业更好地保障可再生能源发电入网，亦应将电网企业纳入配额义务的主体范畴；考虑到我国以省为单位的电力发展的区域模式，为了调动省级政府发展可再生能源的积极性，减少或消除可再生能源发电的地方保护主义，亦应当由省级政府对本地区的可再生能源配额指标完成情况承担行政责任。国外许多国家对适用配额制度的可再生能源技术作了许多限制，如对技术种类、投产时间、发电地域等方面的限制，我国可以考虑将风电、生物

质发电等基本实现商业化且能大规模应用的技术种类纳入
该制度实施范围，对于目前技术尚不成熟、开发潜力有限
的技术种类可以先通过固定价格收购、财政补贴等制度进
行推动，待其将来发展到一定程度后再纳入配额制度的实
施范围。

采取什么样的分配原则或标准是可再生能源配额制度
能否得到成功实施的重要因素。我们应该以我国特殊的自
然资源情况和区域发展布局为基础，借鉴国外对可再生能
源配额指标进行分配的经验，坚持公平兼具效益的原则；
以总量目标为基础，按照义务企业的市场份额比例进行分
配；并且要按照不同的可再生能源技术种类进行分类
分配。

配额义务主体完成其应该承担的可再生能源发电配额
可以有两种模式：第一种是依靠国家计划的模式，这也是
我国以往国民经济发展过程中一贯采用的发展模式。在这
种模式下，义务主体如果完不成配额义务，那么将直接承
担一定的法律责任，如缴纳罚款或者承担行政责任等。第
二种是采用市场化的方式。在这种模式下，义务主体可以
借助于市场的手段来帮助其完成配额义务，国家不干预其
采取何种手段来完成义务。各国往往通过建立绿色证书交
易机制来帮助义务主体完成配额义务。实践证明，绿色证
书制度是可再生能源配额制度实施的有效手段，有力地推
动了可再生能源配额制度在许多国家的顺利实施。国外绿
色证书制度的内容主要包括：绿色证书的颁发或注册；绿

色证书的计算、交易及有效期的规定；绿色证书的监督管理机构；绿色证书的灵活履行机制以及纠纷解决等。我国将来实施配额制度时可以尝试通过建立绿色证书交易制度的方式来便利配额义务主体完成配额义务。综合考虑我国的自然资源状况、电力市场发展情况、监督管理机构及人员配备等各方面因素，应该通过立法对绿色证书交易作出具体规定。为了更好地实施绿色证书制度，可以将绿色证书交易的管理工作委托给专门的机构。对于证书交易过程中的纠纷解决应考虑到证书交易主体和交易领域的特殊性，妥善运用民间调解、行政调解、仲裁以及诉讼等多种方式，从而既能有效解决纠纷，又能有利于可再生能源产业和谐有序发展。具体操作时，可以先进行制度试点，经过不断的发展完善后，再逐渐在全国范围内实施。

　　经济激励政策以及发展公众参与对于顺利实施可再生能源配额制度也起着非常重要的推动作用。国外不同国家对可再生能源发展采取的激励政策有所不同，但总结起来不外乎税收支持政策；金融支持性政策，包括优惠贷款、国际银行投资和政府的直接投资；政府直接补贴等。我国虽然针对许多可再生能源技术种类已经制定了许多经济激励政策，但是还存在许多不足，如《可再生能源法》相关内容可操作性不强、配套法规缺失、地方立法发展不均衡等问题；从实然层面，还存在国家财政支持力度不足、对传统能源征税力度小等现实状况等。国际上通过调动公众的力量推动可再生能源发展的机制或政策主要有绿色电力机制和"净计量"政策。这两大政策也在一定程度上推动了国外可再生能源的发展。我们有必要通过完善相关法律和政策、加强可再生能源的宣传教育，同时提高利用可再生能源电力的技术水平等各种途径，提高公众利用可再生能源电力的积极性，与配额制度一起推动我国可再生能源的开发和利用。我国还应继续坚持已有的经济激励政策，发挥经济激励对可再生能源开发利用的推动和引导作用，因此我国可以从完善《可再生能源法》、出台配套法规、加强地方立法、加大政府财政支持力度、开征碳税等方面来加大对可再生能源的经济激励；同时还要继续开展可再生能源的宣传教育，探索发展绿色电力机制和"净计量"等政策，调动全社会的力量共同推动可再生能源的发展。就我国来说，目前所实行的可再生能源发电全额保障性收购制度以及费用分摊制度，极大地保障了可再生能源发电入网以及价格支付。即使将来实施配额制度，这些制度措施仍然会发挥重要的作用。

有效的监管对可再生能源配额制度的顺利实施起着重要的保障作用。国外对可再生能源的监管，大多数倾向于建立独立于管理部门的监管机构，从而增强监管的独立性和有效性。我国目前在可再生能源发电监管过程中暴露出了一系列问题，包括监管职责分散、立法规范缺失等问题。将来我国实施可再生能源配额制度时，应坚持依法监管、独立监管、公平监管与高效监管的原则，加强国家电力监管委员会对可再生能源电力和绿色电力证书的监管，通过监管发现制度实施中的问题，推动可再生能源配额制度的不断完善。

法律责任是促使配额义务顺利履行的最后一道屏障。国外实施配额制度比较成功的国家或地区几乎都对法律责任作了规定。我国将来实施配额制度时也应制定科学合理的法律责任来督促义务主体及时足额地完成配额义务。

通过总结国外实施可再生能源配额制度的经验，可以看出，要想配额制度在一国或地区取得成功，除了科学合理的制度设计外，还需要具备一定的外在条件，如自然资源条件、市场条件、政府的激励政策以及社会公众的广泛支持等。

目前我国可再生能源市场已初具规模，而且固定电价制度具备与配额制度有效衔接或协调的可能性，可再生能源监管也初步具备实施配额制度的条件，因此经过不断完善后，我国应具备实施可再生能源配额制度的条件。

国外实施可再生能源配额制度的国家大多通过立法的方式对该制度予以确立和规定。我国是成文法国家，通过立法的方式来确立可再生能源配额制度是最有效的实施路径。笔者建议尽快出台《可再生能源发电配额制度管理办法》，对总量目标和配额分配标准、配额义务主体、监管机构、可再生能源技术种类、绿色证书交易机制以及法律责任等方面作出规定。

目 录
Contents

导　论

一、研究的背景和意义

（一）研究的背景

近年来，在国内外应对气候变化的大背景下，发展绿色经济和低碳经济日渐引起人们的关注，并成为各国经济发展的新目标；同时，因能源短缺引发的能源安全问题也早已成为困扰包括我国在内的许多国家的一大难题。发展可再生能源不仅能提高我国的资源利用水平，缓解我国日趋严重的能源紧张局势，而且由于其开发利用过程中的普遍低碳化、无污染而具有缓解气候变化的功能。在我国能源安全日益严峻[1]

---

〔1〕 我国能源形势表现在以下几个方面：首先，能源总量上，中国虽然有居世界第 1 位的水能资源蕴藏量、居世界第 3 位的煤炭探明储量、居世界第 10 位的石油探明储量和居世界第 18 位的天然气探明储量。参见中国社会科学院环境与发展研究中心编著：《中国环境与发展评论》（第 1 卷），社会科学文献出

的形势下，我国政府开始高度重视可再生能源的开发和利用，
并制定了发展目标。我国《可再生能源发展中长期规划》提
出了要"到 2010 年使可再生能源消费量达到能源消费总量的
10%，到 2020 年达到 15%"的目标；《可再生能源发展"十
二五"规划》提出，"到 2015 年全部可再生能源的年利用量
达到 4.78 亿吨标准煤，其中商品化可再生能源年利用量 4 亿
吨标准煤，在能源消费中的比重达到 9.5% 以上；到 2015 年
可再生能源发电量争取达到总发电量的 20% 以上"。这在客
观上对我国可再生能源发电的发展规模和发展方向提出了发
展要求。要实现我国制定的可再生能源发展目标，除了依靠

版社 2001 年版，第 191 页。但我国能源资源有限，常规能源资源仅占世界总量
的 10.7%，人均能源资源占有量仅占 40%，远低于世界平均水平。我国已探明
的煤炭储量占世界储量的 11%、原油占 2.4%、天然气仅占 1.2%，且我国人均
煤炭、石油、天然气资源占有量仅为全球人均的 70%、10%、5%，剩余可采总
量约占世界剩余可采总量的 10%。参见陈和平："节能是我国经济和社会发展的
一项长远战略方针"，载《信息产品与节能》2000 年第 1 期。其次，我国能源需
求迅速扩张。我国对能源的需求量将越来越大，预计到 2020 年，我国一次能源
需求将达到 25 亿 ~33 亿吨标准煤，将是 2000 年的两倍。参见李俊峰、时璟丽：
"可再生能源发展的制度保证"，载《建设科技》2005 年第 12 期。再次，能源
利用效率相对较低。尽管在 1980 年至 2000 年间，我国包括能源加工、转换、储
运和终端利用各个环节在内的能源效率由 26% 提高到 33%，但仍比发达国家低
10 个百分点，能源强度（即单位 GDP 能耗）大大高于发达国家。例如，按当期
市场汇率计算，2001 年我国每吨标准煤创造的 GDP 为 859 美元，而日本、德国、
美国、澳大利亚、巴西、印度分别是 5663 美元、3868 美元、3135 美元、2226
美元、2022 美元、1068 美元。单位 GDP 能耗约为日本的 6.58 倍、德国的 4.49
倍、美国的 3.65 倍、澳大利亚的 2.59 倍、巴西的 2.35 倍、印度的 1.24 倍。参
见宣能啸："我国能效问题分析"，载《中国能源》2004 年第 9 期。最后，因为
煤炭是我国的主要能源，因此相比其他国家，我国在能源利用过程中引起的环
境污染也相当严重。

技术进步外，政策和法律发挥着不可替代的引导和推动作用，尤其在我国这样一个成文法传统的国家，政策和法律更是责无旁贷。为了实现我国发展可再生能源的目标，2009年修订的《中华人民共和国可再生能源法》（以下简称《可再生能源法》）提出要实行可再生能源发电全额保障性收购制度。2010年10月，国务院出台的《关于加快培育和发展战略性新兴产业的决定》（国发〔2010〕32号）作出了要"实施新能源配额制，落实新能源发电全额保障性收购制度"的规定。这说明发展可再生能源配额制度已经成为政府的明确要求和制度目标。随着可再生能源的不断发展，对相关立法和制度的完善提出了更高的要求。2012年2月，国家能源局制定了《可再生能源电力配额管理办法（讨论稿）》，其中明确发电企业承担可再生能源生产义务（可再生能源发电量占比）、电网企业承担保障性收购义务（收购电量占比）、地方政府承担消纳义务（电量消纳占比）。之后《可再生能源电力配额管理办法（征求意见稿）》下发，仅对地方可再生能源电力配额指标作出了明确要求，各地政府将作为可再生能源电力配额消纳义务的行政责任主体。同时，《可再生能源电力配额管理办法（征求意见稿）》中对各地消纳比例也作出了调整，对不能完成配额指标的地区，其非水电可再生能源电力消费量将不能用于在能源消费总量控制额度中的扣除。2014年8月，《可再生能源电力配额考核办法》修改稿完成，其主要内容是：①对各省市和电网公司可再生能源发电配额提出强制性要求；②提出激励措施，在年度控制能源消费总量考核时，对完成配额指标的地区，其非水电可再生能源电力消费量，按照当年全国平均供电煤耗水平折为节能量，不计入能源消费控制量 。本书通过对国外实施可再生能源发电配额制度的情况进行比较研究，为我国实行可再生能源配额制度提出自己的立法建议。

本书以可再生能源配额制度为主要研究对象，并对与其相关的法律制度进行研究。就配额制度而言，广义上是指可再生能源配额制度在制定、实施过程中涉及的一系列具体规范的总称。可再生能源配额制度（Renewable Portfolio Standard），大致是指一个国家或者地区用法律形式对各种可再生能源技术所提供的能源数量或在总的能源供应中所占份额进行强制规定，其价格由市场决定，以推动可再生能源发展的制度。因为"份额"一般是由法律规定的，具有强制性，因而这个强制性的份额亦被称为"配额"。实践中可再生能源发电是开发利用可再生能源最广泛应用的形式，而且在配额制度实施过程中，可再生能源发电也是各国实施可再生能源配额制度中最普遍的制度实施内容。因此，为了研究的便利，本书主要以可再生能源发电为例，对可再生能源配额法律制度进行论述。为了使资源丰富地区的承担配额义务的企业以最低成本或者可再生能源资源相对匮乏地区的企业以比较灵活的手段完成配额义务，很多市场比较成熟的国家允许义务主体通过购买可交易的可再生能源证书或绿色电力证书的方式来代替直接提供可再生能源电力。所以，义务主体完成配额既可以通过直接提供可再生能源电力来实现，也可以通过提供代表同等数量的可再生能源电力证书或绿色电力证书来完成。

（二）研究的意义

首先，法律制度的选择对于可再生能源的开发和利用起着非常关键的作用。我国《可再生能源法》采纳的是固定电价制度，它在制度运行初期极大地促进了我国可再生能源的发展。但是随着可再生能源技术的不断进步以及国内外经济形势的发展，固定电价制度在我国的实施过程中也逐渐暴露出许多问题。而配额制度作为发展可再生能源的另一个重要制度，已经在许多国家得到成功的实施，因此，通过借鉴国外实施配额制度的有效经验，分析可再生能源配额制度在我国的具体适用性以及进行具体的制度设计，可以更好地为政府决策和立法提供依据，从而加快我国可再生能源的发展。

其次，本书在借鉴国外经验的基础上对配额制度的渊源、运行机理和法律规制等进行深入剖析，从经济学、法学、环境伦理等方面深入挖掘和梳理配额制度产生、实施的基本理论，进一步丰富了可再生能源配额制度的理论基础，具有重要的理论价值。

二、国内外研究现状

（一）国内研究现状

从对可再生能源配额制度开始研究的时间来看，我国从2001年开始有学者对可再生能源配额制度进行研究，尤其是自2011年以后，对该主题进行研究的学术成果迅速增加，研究的领域也从管理或能源类扩展到法律政策类。根据从中国期刊全文数据库、中国博士学位论文全文数据库、中国优秀硕士学位论文全文数据库的搜索结果显示，从1995年到2010年12月，国内直接以"可再生能源配额"为题的研究成果中，有17篇期刊论文、2篇报纸报道、5篇研究所毕业论文，研究视角主要集中于管理类或环境、电气工程类；而从 2011 年至 2014 年 12 月，以"可再生能源配额"为题进行搜索，有 22 篇期刊论文、27 篇报纸报道、4 篇研究生毕业论文。这一定程度上与 2011 年以后我国政府讨论制定《可再生能源配额管理办法》引发社会重视有关。

在研究内容上主要有以下几个方面：

第一，在介绍国外（美国、德国、英国等典型国家）经验的基础上对配额制和固定电价制、招投标制从定义、特征、优劣势等方面进行比较分析，并提出配额制在中国实施的必要性和可行性及具体实施建议。比较典型的是李艳芳教授的《我国〈可再生能源法〉的制度构建与选择》和《论我国可再生能源配额制的建立——以落实我国〈可再生能源法〉的规定为视角》、任东明的《MMS 政策的实现方式及其适应性分析》和《关于引入可再生能源配额制若干问题的讨论》、华北电力大学董力通的硕士学位论文《电力市场下我国实行可再生能源配额制的研究》、刘连玉的《对可再生能源配额制的考察与思考》、罗鑫的《国际上鼓励可再生能源发电制度的利弊分析》、严慧敏的《可再生能源配额制的思考》、翁章好的《信息需求和风险承担——三种可再生能源促进政策的对比》、李瑞庆的《英国和德国可再生能源制度比较分析》、周鹏飞的《我国实施可再生能源配额制政策的必要性》等。

对于配额制在当前我国实施的可行性，学者们则持不同的意见，以李艳芳教授为代表的大部分学者认为在可再生能源发展初期，我国适宜实行固定电价制度，等将来条件成熟后可以采纳配额制，其中任东明认为我国目前已经基本具备实施配额制的条件；有的学者如严慧敏赞成我国综合德国、美国和英国的模式，考虑将固定电价制和配额制相结合的模式；而学者翁章好则从信息需求和风险承担的角度，认为在目前信息需求要求比较高以及风险承担不确定的情况下，不可贸然实施配额制，而实行招标制比较可行。

第二，运用成本效益分析、实证分析等各种分析方法对我国实施配额制的合理性和可行性进行分析后，提出具体的制度设计，包括义务人、符合条件的可再生能源、总量目标、可交易的绿色证书制度、灵活性与处罚、准备工作等；并对配额制在中国实施的时间、立法等进行了初步分析。比较有代表性的论文有：张式军的《可再生能源配额制研究》、李家才的《国际经验与中国可再生能源配额制（RPS）设计》、顾树华和王白羽的《中国可再生能源配额制政策的初步研究》、王白羽的《可再生能源配额制（RPS）在中国应用探讨》、朱海的《论可再生能源配额制在我国的推行》；任东明的专著《可再生能源配额制政策研究——系统框架与运行机制》等。

第三，在对国外绿色证书进行介绍的基础上，构建了配额制政策下中国的绿色证书交易系统，包括证书的市场应用、市场类型、交易方式、价格、跟踪系统、参与者等。典型的有沈顾的《欧洲绿色证书交易机制及对我国的启示》、华北电力大学王蓉的硕士学位论文《计及可再生能源配额制的购电策略研究》及论文《美国可再生能源证书交易市场》、上海交通大学肖丽娜的硕士学位论文《绿色和白色证书交易市场在中国的应用研究》等。

第四，将配额制与中国局部地区的能源优化结合起来进行研究，提出该局部地区利用配额制进行能源结构优化的建议。比较典型的有樊杰和任东明的《基于可再生能源配额制的东部沿海地区能源结构优化问题探讨》、林志远的《可再生能源配额制及广东省实施方案的设计研究》、徐刚的《可再生能源强制性市场份额政策研究概况》等。

（二）国外研究现状

由于配额制度主要在西方发达国家实施，因此国外的相关文献也主要集中在对美国、欧盟、澳大利亚、加拿大等国的可再生能源配额制度研究上，而且研究配额制度的时间也早于我国，第一篇专门研究配额制度的论文出现在 1996 年美国《电力期刊》上，该文对加利福尼亚州所创造的配额制政策进行了详细介绍 [见雷德尔·南希（Rader Nancy）和理查德·诺噶德（Richard Norgard）的《重建电力市场中的效率与可持续性：可再生能源配额制》（Efficiency and Sustainability in Restructured Electric Markets：The Renewable Portfolio Standard）]。

国际上，对配额制的研究主要涉及以下几个方面的内容：

第一，可再生能源配额制度在不同国家的适用性和可行性分析，尤其是美国、中国等。首先，关于配额制度在国际范围内的实施情况总结，代表性论文有：N. H. 林登（N. H. van der Linden）、崴特尔林德（M. A. Uyterlinde）、夫洛利克（C. Vrolijk）、尼尔森（L. J. Nilsson）、汗（J. Khan）、阿斯特兰德（K. Åstrand）、埃里克森（K. Ericsson）和莱安·瓦兹尔（Ryan Wiser）的《可再生能源强制支持机制的国际经验评论》（Review of International Experience with Renewable Energy Obligation Support Mechanisms）；杰内特·L. 萨文（Janet L. Sawin）的《可再生能源全球现状报告 2009》（Renewables

Global Status Report 2009 update）等。其次，关于个别国家对于实施可再生能源配额制度的必要性和可行性分析，学者们围绕政治因素、经济发展等方面展开了激烈争论，并就国家级配额制度对一国能源工业的影响及财税支持政策等作了分析，代表性的学者是罗伯特·J. 迈克尔（Robert J. Michaels）和克里斯托弗·库珀（Christopher Cooper），代表性论文有：罗伯特·迈克尔的《可再生能源配额制：依然没有好的理由》（Renewable Portfolio Standards：Still No Good Reasons）；本杰明·K. 索瓦库尔（Benjamin K. Sovacool）和克里斯托弗·库珀的《绿色意味着"出发"？——一个美国国家可再生能源配额制的多彩路径》（Green Means 'Go'? —A Colorful Approach to a U. S. National Renewable Portfolio Standard）；罗伯特·迈克尔的《国家可再生能源配额制：政治上正确，经济上可疑》（A National Renewable Portfolio Standard：Politically Correct，Economically Suspect）；克里斯托弗·库珀的《国家可再生能源配额制：政治上正确或仅仅正确而已?》（A National Renewable Portfolio Standard：Politically Correct or Just Plain Correct?）。另外，也有学者对中国实施可再生能源配额制度的条件和影响作了研究，如马克·杰卡德（Mark Jaccard）的《可再生能源配额制：中国电力行业环境政策的工具》（Renewable Portfolio Standard：A Tool for Environmental Policy in the Chinese Electricity Sector）。

第二，实施可再生能源配额制度的国别经验介绍。首先，关于具体的制度设计经验介绍，包括义务主体、监管机构、总量目标、绿色证书系统的建立、惩罚措施等，有代表性的论文有莱安·瓦兹尔、克里斯托弗·纳莫维茨（Christopher

Namovicz)、马克·吉勒克奇（Mark Gielecki）和罗伯特·史密斯（Robert Smith）的《可再生能源配额制：基于事实的美国经验介绍》（Renewables Portfolio Standards：A Factual Introduction to Experience from the United States）；马克·W. 楚普卡（Marc W. Chupka）的《设计高效的可再生能源市场》（Designing Effective Renewable Markets）等。其次，关于实施效果和影响的反馈，如特伦特·伯利（Trent Berry）和马克·杰卡德的《可再生能源配额制：设计考量与实施调查》（The Renewable Portfolio Standard：Design Considerations and an Implementation Survey）；卡尔琳·S. 考利（Karlynn S. Cory）和布莱尔·G. 斯崴泽（Blair G. Swezey）的《美国可再生能源配额制：平衡目标与规则》（Renewable Portfolio Standards in the States：Balancing Goals and Rules）；帕特里克·R. 嘉克比（Patrick R. Jacobi）的《可再生能源生产适用性要求：美国如何停止担忧，学会适应潜在的商业惯例》（Renewable Portfolio Standard Generator Applicability Requirements：How States Can Stop Worrying and Learn to Love the Dormant Commerce Clause）；巴里·G. 拉比（Barry G. Rabe）的《力争上游：美国可再生能源配额制角色愈来愈重要》（Race to the Top：The Expanding Role of U. S. State Renewable Portfolio Standards）；阿岚·诺基（Alan Nogee）和杰夫·德耶特（Jeff Deyette）的《一个国家可再生能源配额制预期的影响》（The Projected Impacts of a National Renewable Portfolio Standard）；卡洛琳·费舍尔（Carolyn Fischer）的《可再生能源配额制如何降低电价》（How Can Renewable Portfolio Standards Lower Electricity Prices?）等。最后，关于国家内地区层次配

额制度的具体实施情况和经验研究，如美国诸州的可再生能源配额制度研究，如莱安·瓦兹尔和欧乐·兰戈尼斯（Ole Langniss）的《德州可再生能源配额制：一份早期评估（2001年11月）》（The Renewables Portfolio Standard in Texas：An Early Assessment, November 2001）；由美国数据库系统成员起草和提交的《北卡罗来纳州公用工程委员会报告：能源效率作为北卡罗来纳州部分可再生能源配额制合适的来源的可行性研究》（Report for the North Carolina Utilities Commission：A Study of the Feasibility of Energy Efficiency as an Eligible Resource as Part of a Renewable Portfolio Standard for the State of North Carolina, Prepared and Submitted by GDS Associates）；大卫·赫尔伯特（David Hurlbut）的《德州可再生能源配额制管窥：案例研究》（A Look behind the Texas Renewable Portfolio Standard：A Case Study）；杰夫·德耶特和史蒂夫·克莱默尔（Steve Clemmer）的《提升德州可再生能源配额制：经济与就业效益》（Increasing the Texas Renewable Energy Standard：Economic and Employment Benefits）；路易斯·A.威莱尔（Louis A. Villaire）的《州可再生能源配额制：案例研究》（State Renewable Energy Portfolio Standards：Case Studies）；莱安·瓦兹尔、凯文·波特尔（Kevin Porter）和马克·博林格（Mark Bolinger）的《重构下的州配额制与系统效益对比》（Comparing State Portfolio Standards and System‐benefits Charges under Restructuring）。

第三，对实施可再生能源配额制度对不同可再生能源种类的影响研究，有代表性的论文有莱安·瓦兹尔、凯文·波特尔、罗伯特·格雷丝（Robert Grace）和蔡斯·卡伯尔

（Chase Kappel）的《评估国家可再生能源配额制：聚焦地热能源》（Evaluating State Renewables Portfolio Standards：A Focus on Geothermal Energy）；罗纳德·H. 罗森博格（Ronald H. Rosenberg）的《多元化美国能源的未来：可再生风电的未来》（Diversifying America's Energy Future：The Future of Renewable Wind Power）；克里斯汀·里尔·阿祖尔（Christine Real de Azua）的《风电的未来》（The Future of Wind Energy）；斯蒂芬妮·斯伟策（Stephanie Switzer）的《国际贸易法语环境：设计一个法律框架减少非可再生生物燃料的进口》（International Trade Law and the Environment：Designing a Legal Framework to Curtail the Import of Unsustainable Produced Biofuels）等。

第四，关于美国、欧盟等不同国家实施绿色证书系统的研究。首先，对绿色证书基本概念和特征的介绍，如迈克尔·吉林沃特（Michael Gillenwater）的《重新定义可再生能源证书——第一部分：解密特性和偏离》（Redefining RECs – Part 1：Untangling Attributes and Offsets）和《重新定义可再生能源证书——第二部分：解密证书与排放市场》（Redefining RECs – Part 2：Untangling Certificates and Emission Markets）；P. E. 摩尔索斯特（P. E. Morthorst）的《绿色证书市场的发展》（The Development of a Green Certificate Market）。其次，对绿色证书的系统模式、程序和过程设计的介绍，如爱德华·A. 霍尔特（Edward A. Holt）和莱安·瓦兹尔的《州可再生能源配额制中可再生能源证书、排放补贴与绿色电力项目的处理》（The Treatment of Renewable Energy Certificates, Emissions Allowances and Green Power Programs in State Renewables

Portfolio Standards）；克里斯托弗·B. 博伦登特（Christopher
B. Berendt）的《以州为基础建立可再生能源证书的流动国
家市场路径：绿色证书 – EX 模式》 （A State – Based Ap-
proach to Building a Liquid National Market for Renewable Energy
Certificates：The REC – EX Model）；基奥·瓦纳古林尼（Gio-
vanna Golini）的《欧盟可交易的证书制度》（Tradable Green
Certificate Systems in The EU）；艾达·马丁纳克（Ida Marti-
nac）的《在进行可再生能源证书交易决定中考虑环境正义》
（Considering Environmental Justice in the Decision to Unbundle
Renewable Energy Certificates）；莫黑特·戈雅尔（Mohit
Goyal）、拉克斯·吉哈（Rakesh Jha）的《印度引入可再生
能源证书的推测》（Introduction of Renewable Energy Certificate
in the Indian Scenario）；伊丽莎白·洛基（Elizabeth Lokey）
的《商业机构可再生能源购买选择创新》 （Creative Renew-
able Energy Purchasing Options for Businesses）。还有对绿色证
书系统的实施条件和面临挑战的研究，如爱德华·霍尔特
（Ed Holt）和罗利·博德（Lori Bird）的《可再生能源证书
的新兴市场：机遇与挑战》 （Emerging Markets for Renewable
Energy Certificates：Opportunities and Challenges）；帕拉博·
姆祖德（Pallab Mozumder）和阿赤拉·马拉斯（Achla Mar-
athe）的《综合市场可交易可再生能源信用的收益》 （Gains
from an Integrated Market for Tradable Renewable Energy Cred-
its）；雅各布·莱明（Jacob Lemming）的《可交易绿色证书
市场绿色电力投资商和生产商的金融风险》 （Financial Risks
for Green Electricity Investors and Producers in a Tradable Green
Certificate Market）；彼得·福利斯特勒普（Peter Fristrup）的

《引入可交易绿色证书的一些挑战》（Some Challenges Related to Introducing Tradable Green Certificates）等。

第五，关于国际上实施配额制度、固定电价制度和招投标制度的比较研究，如巴特勒·露西（Butler Lucy）和卡尔斯登·钮豪夫（Karsten Neuhoff）的《固定电价、配额与拍卖机制对支持可再生能源风电开发的比较》（Comparison of Feed - in Tariff，Quota and Auction Mechanisms to Support Wind Power Development Renewable Energy）。

国外对可再生能源配额制度研究的特点是：首先，主要是针对学者自己国家的可再生能源配额制度进行的研究；其次，有关可再生能源配额制基础理论的研究比较少。

三、主要内容及结论

可再生能源配额制度作为配额制度在可再生能源领域的具体应用，是一个国家或者地区用法律形式对各种可再生能源技术所提供的能源数量或在总的能源供应中所占份额进行强制规定，以推动可再生能源发展的制度。可持续发展理论以及经济学的基础理论对可再生能源配额制度的制度渊源和发展规律提供了重要的理论支撑。企业社会责任理论对于指导配额义务主体的选择奠定了理论基础。可再生能源配额制度的诸多特点决定了与总量目标制度、固定电价制度等相关制度有很大的不同。

可再生能源配额制度在国外实施的经验表明，要想成功地发挥配额制度对于可再生能源的促进性作用，必须具有良好的制度设计，并具备一定的外在条件。可再生能源配额制度在国外的实施过程中，不同国家往往内容有些差异，大多数国家配额制度中都具备以下基本的内容：①可再生能源发展的总量目标，即一定时期内可再生能源在一国或地区要达到的开发利用数量或者在一国能源总体开发利用中所达到的比例；②制度实施的主体，即确定由哪类或哪几类主体来承担发展可再生能源的配额指标义务；③制度实施的客体，即哪些可再生能源技术种类适用于可再生能源配额制度；④配额义务的分配标准；⑤制度实施的重要手段，即绿色证书制度；⑥制度实施的监督管理机构和法律责任规定等。辅助可再生能源配额制度顺利实施的外在条件有政府的经济激励政策及社会公众的广泛支持等。

自 2005 年我国《可再生能源法》实施以来，固定电价制度的实施对于我国可再生能源的发展起到了很大的推动作用，但是经过近几年的实践，可再生能源产业在发展过程中逐渐暴露出了诸多问题，如可再生能源发电"入网难"、电价补贴滞后等问题，因此，我们有必要尝试通过实施配额制度来逐步解决这些难题，并且还有助于推动我国不同地区之间的资源互补、带动农村地区的经济发展和就业水平，从而不断改善我国可再生能源产业的发展环境，最终推动可再生能源的进一步发展。虽然我国在电力市场化改革、政府的监管机构设置及监管能力、可再生能源发展目标、可再生能源技术发展水平等方面还存在不少问题和难题，但是目前已经基本具备了实施可再生能源配额制度的条件，将来在制度的实施过程中还可以不断予以完善。

国外实施可再生能源配额制度的国家往往通过立法的形式确立该制度。我国是成文法的国家，通过立法对可再生能源配额制度予以规定，有利于维护该制度的权威性，保障其顺利实施。因此适宜采取单独制定管理办法的形式来确立可再生能源配额制度，对可再生能源配额制度的主体、客体、可再生能源技术种类、绿色证书制度、监督管理机构以及法律责任等作出规定。

对于义务主体方面，我国目前适宜将发电厂和电网企业作为配额指标的义务主体，同时由省级政府对本地区配额义务的完成情况负行政责任。我国应将国家《可再生能源中长期规划》、《可再生能源发展"十一五"规划》及之后的《可再生能源发展"十二五"规划》所规定的可再生能源发展目标作为配额指标分配的最低目标，坚持公平兼具效益的原则，区别不同可再生能源技术类别，区别不同地区对具体指标进行分配。

绿色证书制度作为可再生能源配额制度实施的有效手段，在各国可再生能源配额制度的实施过程中发挥着关键性作用。鉴于我国电力市场化发展水平、监管水平以及人员专业素质等各种原因，在我国建立绿色证书交易应采取循序渐进的方式逐步建立，并通过立法的方式予以确立。绿色证书交易主要涉及证书的颁发或注册、证书的内容及形式、证书的有效期、证书的交易合同及具体交易流程设计、证书交易的价格监管、证书交易的纠纷解决等。我们应该借鉴国外经验，对我国的证书交易制度在立法中作出详细的规定。

为了保障可再生能源发电配额制度的顺利实施，必须进一步加强国家电力监管委员会对可再生能源发电和绿色证书交易的监管。此外，立法中还应对可再生能源发电配额制度实施过程中的法律责任进行规定。对完不成配额义务的单位和个人规定严厉的法律责任，从而督促其及时足额地完成配额义务。

我国现行可再生能源立法中有关经济激励的规范，主要采取设立再生能源发展基金、发放财政贴息贷款和实行税收优惠的方式；但目前存在如《可再生能源法》相关内容可操作性不强、配套法规缺失、地方立法发展不均衡等问题；从实然层面，还存在国家财政支持力度不足、对传统能源征税力度小等现实状况。通观全球，各国政府为促进可再生能源发展采取的激励措施各有所长，但总结起来大致有三类：税收支持；金融支持，包括优惠贷款、国际银行投资和可再生能源基金或政府直接投资；政府财政补贴。我国可以从完善《可再生能源法》、出台配套法规、加强地方立法、加大政府财政支持力度、开征碳税等方面来加大对可再生能源的经济激励力度。

纵观全文，笔者认为，本书主要从法律和政策的视角对可再生能源配额制进行分析，从责、权、义的角度深入剖析我国将来可再生能源配额制实施中涉及的法律和政策问题，包括总量目标、主体、可再生能源种类、配额标准和原则、绿色证书制度、法律责任等，对我国将来实施配额制度提出了自己的观点，如在配额制度义务主体的设定上，将发电企业、电网企业均纳入义务主体范畴，并且规定省级政府的责任；在可再生能源技术种类上，我们适宜将风电、生物质发电等需要政府大规模扶持发展而且技术上又初步成熟的技术纳入到配额制度的实施范围，不宜将大型水电纳入配额制度实施范围；将来实施配额制度过程中，应该采取循序渐进的方式逐步建立绿色证书制度，并通过立法的方式予以确立等。此外，通过系统性的分析，对于配额制度实施过程中的监管

和法律责任、经济激励和公众参与等都提出了自己的观点，
为我国政府制定相关政策和立法提供借鉴。

但由于受研究资料的制约以及自身具体专业实践和研究
水平的限制，本书还存在诸多缺陷和不足，需要进一步完善
和改进。如虽然提出了许多可再生能源发电配额制度在我国
的实施建议，但是由于缺乏有关能源工程或环境技术相关知
识，无法提出更加具体细致的设计方案；由于缺乏具体的实
践经验，所构想的我国可再生能源发电配额制度设计还需要
实践的检验；此外，由于受语言的限制，有些国家虽然实施
了可再生能源配额制度，但无法获取相关第一手资料，因此
在一定程度上制约了本书的研究。

第一章

可再生能源配额制度概述

第一节　可再生能源配额制度的概念

　　概念是思维的起点，对可再生能源配额制度的研究首先离不开对其涉及的基本概念的挖掘和梳理，本章首先对与可再生能源配额制度有关的概念进行分析，本章为本书开展后续研究奠定基础。

一、可再生能源配额制度的定义

　　可再生能源这一概念第一次在国际上提出是 1981 年 8 月联合国在内罗毕召开的"新能源和可再生能源研讨会"上，会议通过了著名的《促进新能源和可再生能源发展与利用的内罗毕行动纲领》。该纲领将"可再生能源"界定为："新的可更新的能源资源，采用新技术和新材料加以开发利用，它不同于常规的化石能源，可持续利用，几乎是用之不竭的，而且消耗后可得到恢复和补充，不产生或很少产生污染物，对环境无多大损害，有利于生态良性循环。"[1]

可再生能源的技术种类一般包括风能、生物质能、地热能、潮汐能、太阳能、水能等。水电是否属于可再生能源，目前存在一些争议。虽然水电主要依靠水流量和降雨来完成发电，符合开发可再生能源的内涵要求，但开发水电所建的大坝往往对当地动植物群体和周围的自然环境，以及当地居民的财产造成较大影响，并引起当地居民迁移。因此，实践中有些国家或地区往往将水电排除在可再生能源范畴之外或者对水电的范围作出界定，如美国大多数的州严格区分大型和小型水电工程，将水电装机容量为30MW及以下的小水电作为可再生能源；但是亚利桑那州和马萨诸塞州规定可再生能源不包括任何水电，而威斯康星州规定的可再生能源包括60MW及以下的水电，缅因州则包括100MW以下的水电。[2]

目前国际上对可再生能源的界定通常指小水电（装机在2.5万千瓦以下的水电站）、风能、太阳能、生物质能、海洋能、垃圾再利用能、地热能等随人类开发和利用而永不枯竭的能源，其中生物质能是指将能源作物加工后再燃烧或用来产沼气。[3]《可再生能源法》采用列举的方式，将可再生能源界定为"风能、太阳能、水能、生物质能、地热能、海洋

---

〔1〕 姜南："可再生能源配额制研究"，山东大学2007年硕士学位论文。

〔2〕 参见［美］N.福特："可再生能源发电配额制有利于小水电开发"，马元琏译，载《水利水电快报》2006年第14期。

〔3〕 周鹏飞："我国实施可再生能源配额制政策的必要性"，载《农村能源》2001年第4期。

能等非化石能源"。

"配额"的英文表述为 quota，它最初主要应用在国际贸易领域，常用来作为限制贸易的一种手段。如《简明不列颠百科全书》将配额定义为：在特定期间内，政府对进出口商品或劳务实行的数量限制，或（在特殊情况下）价值限制。[1] 随着政府管理水平的不断提升，配额越来越广泛地应用于各国政府的管理活动中。有人统计，目前全球实施的配额有 2500 余种。[2] 根据不同的分类标准，配额分为绝对配额与相对配额、关税配额与非关税配额、主动配额与被动配额等。因此，配额可以从广义和狭义两个方面进行理解。狭义上，特指应用在国际贸易领域内的配额，即政府对进出口商品或劳务实行的数量限制；广义上，配额是政府对有限资源的一种管理和分配，是对供需不等或者各方不同利益的平衡。[3] 配额制，英文表述为"Quota System"，《英汉大词典》中将其称为定额分配制、限额制[4]，即政府在对有限资源进行管理和分配的过程中所形成的一系列制度的总称。

可再生能源配额制度（Renewable Portfolio Standard，以下简称"配额制"）简而言之就是在可再生能源领域实行的配额制度，又称为配额政策（Quota Policies）、可再生能源强

〔1〕《简明不列颠百科全书》编辑部译编：《简明不列颠百科全书》（第6卷），中国大百科全书出版社1986年版。

〔2〕参见"配额制"，载 http://baike.baidu.com/view/538747.htm，最后访问时间：2011年2月18日。

〔3〕参见"配额制"，载 http://baike.baidu.com/view/538747.htm，最后访问时间：2011年2月18日。

〔4〕陆谷孙主编：《英汉大词典》（缩印本），上海译文出版社2001年版，第1496页。

制性市场份额政策（Mandatory Market Share Policy）或可再生能源义务（Renewable Obligations）。对于可再生能源配额制度的定义，目前学术界基本上已经达成了共识，它是指一个国家或者地区用法律形式对各种可再生能源技术所提供的能源数量或在总的能源供应中所占份额进行强制规定，其价格由市场决定，以推动可再生能源发展的制度。[1]

可再生能源技术所提供的能源电力可以是电力、热力或者燃料等，但是国际上实施配额制的国家基本上主要在可再生能源发电领域实施配额制度，因此，本书以可再生能源发电领域的配额制度为主要研究对象，未经特别说明，本书中的可再生能源配额制即等同于可再生能源发电配额制度。此外，国外实施配额制度的国家大多都建立了绿色证书制度来推动该制度的实施，因而许多人往往将绿色证书制度与可再生能源配额制度相混淆。

自 2006 年起，国家发展和改革委员会与电力监管委员会开始定期发布《可再生能源电价补贴和配额交易方案的通知》，其中的"配额"仅是指国家对电价附加收入的重新分配，与本书所要研究的"可再生能源配额制度"有着本质不同。

二、可再生能源配额制度的特征

可再生能源配额制度的基本特征是：[2]

---

〔1〕 李艳芳："我国《可再生能源法》的制度构建与选择"，载《中国人民大学学报》2005 年第 1 期。

〔2〕 参见李艳芳、张牧君："论我国可再生能源配额制的建立——以落实我国《可再生能源法》的规定为视角"，载《政治与法律》2011 年第 11 期。

（一）配额指标的明确性

配额制的明确性体现在以下方面：首先，配额必须明确具体。配额既可以是可再生能源增长的绝对量（如澳大利亚、意大利，美国的爱荷华州、德克萨斯州等），也可以是一个增长比例（实行配额制的绝大多数国家和美国实行可再生能源配额制的多数州），但不论是绝对量还是增长比例，通常都是一个明确的数字。其次，配额指标的明确性还体现在配额指标的法定性，即配额是由国家立法或者立法授权政府通过政策加以明确规定的。英国和美国实行配额制的各州直接对配额指标在立法中加以明确规定。配额指标的明确性可以明示每个可再生能源配额义务的承担者自己责任和义务的大小，以便每一个配额义务承担者准确地作出有利于完成义务或者配额的最佳选择方案。

（二）配额指向的确定性

首先，指向的确定性表现为对"可再生能源"的配额，即可再生能源配额指向的具体目标是"可再生能源"。但是，可再生能源的范围非常广泛，各国认识并不一致，因而凡是实行可再生能源配额制的国家均对"可再生能源"进行明确界定。一般来说，各国都将风能、太阳能、生物质能、地热能、潮汐能等作为可再生能源。对于水能是否可以作为可再生能源，有不同认识。多数国家将小型水电作为可再生能源，将大水电排除在可再生能源范畴之外。其次，指向的确定性也表现为通常是对"发电"的配额，并不包括燃料等其他可再生能源利用形式。最后，指向的确定性还表现为配额义务主体的确定性，即通常由发电商或供电商承担配额义务，政府监督发电商与供电商履行配额义务。

（三）配额执行的强制性

此强制性即配额的承担者应当到期完成配额义务。为了保证配额指标的如期完成，实行可再生能源配额制的国家通常都会设立高效、权威的执法监督机构监督可再生能源配额义务承担者确实完成配额指标，若发现有关义务主体违反规定或者到期不能完成配额指标，则要对违反义务者进行处罚。

（四）配额完成的灵活性

实行可再生能源配额制的国家，通常允许配额义务的承担者自愿选择完成配额的方式，即建设自有的可再生能源发电设施完成可再生能源发电配额指标，或者通过在市场上购买其他已经完成了配额义务的电力企业出售富余的可再生能源电力或"绿色电力证书"来完成。这种灵活的履行方式归根结底是从配额义务的承担者的利益出发的，即允许配额义务的承担者以最低的成本来履行义务或者承担社会责任。而配额义务的承担者在作出以最低成本履行义务的决定时，必然会考虑资源、技术等诸多因素，也有利于资源的合理配置，从而实现社会效益的最大化。

第二节　可再生能源配额制度与相关制度的关系

可再生能源配额制度与其他几个可再生能源开发利用制度有着密切的联系。通过与这些制度进行比较分析，有助于我们进一步了解可再生能源配额制度。

一、与总量目标制度的关系

可再生能源总量目标制度（Renewable Energy Target Policy）是我国《可再生能源法》所确定的基本制度之一，是一个国家或者地区的政府用法律的形式对未来一段时间内可再生能源的发展总量或在总的能源生产或消费中所占的比例作出强制性的规定，是一种国家目标。在我国，总量目标其实就是可再生能源的规划目标。实施总量目标制度，就是明确公民开发利用可再生能源的责任和义务，为大规模开发利用可再生能源奠定基础。总量目标制度的内容主要包括：发展的总量、完成目标的具体时限、可再生能源技术种类、成本估算和发展的区域布局、实现总量目标的途径等。

总量目标对我国的可再生能源发展起着总揽全局的指导作用。总量目标的实现有多种制度和实现方式，而可再生能源配额制度是其中之一。可再生能源总量目标的实现离不开包括配额制度在内的各种制度的密切配合；而配额制度的实施也需要有总量目标作为制度实施的前提和基础。

实践中，许多人往往把总量目标制度和可再生能源配额制度相混淆，其实二者有明显的区别：

第一，二者的含义不同。总量目标制度指的是国家规定的可再生能源在能源总量中所要占的比例或者总量，以及达到此比例所要应用的手段；而可再生能源配额制度则是为完成一个国家或地区的总量目标，通过法律形式对义务主体承担的发展可再生能源的数量或在总的能源供应中所占份额进行强制性规定的制度。

第二，二者所处的位阶不同。总量目标制度在整个可再生能源法律制度体系中处于统领性的位置，是较高层面的制度；而配额制度则是实现总量目标所应用的手段，属于具体的制度，处于较低层面。

第三，二者针对的对象不同。总量目标直接针对国家和地方各级政府；而配额制度直接针对的则是各类电力生产商、供应商或零售商，国外一般指电力公用事业单位或电力公司（Utility）。

因此，相比之下，总量目标制度具有"明确的战略性、阶段性、计划性和指导性"。[1]

二、与固定电价制度的关系

固定电价制度（Feed – in – Tariff），也被称为强制购电法，是指国家根据各种可再生能源发电技术的实际发电成本，或者根据电力平均价格，确定可再生能源电力上网电价，并要求电网企业必须购买可再生能源开发商生产的可再生能源电力的制度。[2] 各国实施固定电价制度过程中，除了在一定时期内固定存在的可再生能源上网电价外，还有相应的税收优惠或补贴等财政激励政策相配合。[3]

固定电价制度和配额制度作为可再生能源开发利用的两大基本制度，都是完成国家可再生能源发展总量目标的政策

---

〔1〕 任东明："关于引入可再生能源配额制若干问题的讨论"，载《中国能源》2007年第11期。

〔2〕 关于固定电价制度与可再生能源配额制度的更为详细的比较分析，可参见李艳芳："我国《可再生能源法》的制度构建与选择"，载《中国人民大学学报》2005年第1期。

〔3〕 Maarten J. Arentsen, Mischa Bechberger, Maria Rosaria Di Nucci, Lutz Mez, "Stakeholders Dynamics on Harmonisation/Coordination of Support Systems for Renewable Electricity. The Realise – Forum Appraisal", in Suresh P. Prabhu, *Green Power Markets: Support Schemes, Case Studies and Perspectives* (Volume 1), Multi – Science Publishing Co. , Ltd. , 2007, pp. 51 ~ 70.

手段。

二者除了基本概念不同外，还有着明显的区别：

第一，电力定价主体不同。可再生能源配额制度是基于市场的机制，电价完全由市场决定，借助配套的绿色电力证书交易机制，实现可再生能源发电市场的市场竞争。而在固定电价制度下，政府依据不同的可再生能源技术及成本，参照物价水平、社会经济发展水平等因素而制定电价，电价是相对固定的。

第二，电价分摊机制不同。在固定电价制度下，由于电价是固定的，并且可再生能源发电成本要高于常规能源的成本，二者的差价经常是由局部的电网来分摊；而在配额制度下，与可再生能源配额制度配套实施的绿色电力证书交易系统可以保证可再生能源发电在获得电力证书后在全国范围内进行交易，从而保证可再生能源电力与常规能源所发的电力之间的差价能够由全国的电力享有者分摊。

第三，适用的可再生能源发展水平不同。固定电价制一般适用于一国或地区可再生能源发展的初期阶段。在此阶段，可再生能源技术不太成熟或者商业化开发的水平比较低，无法与常规能源相竞争，这时通过政府提供固定的电价补贴和强制上网，能有效刺激各种可再生能源技术的发展，一定程度上还有利于可再生能源设备制造业等相关产业的发展。而可再生能源配额制度则往往适用于可再生能源发展相对成熟的阶段，商业化开发的水平较高，通过充分运用市场机制，能刺激可再生能源开发企业降低成本，逐渐具备与传统的常规能源相竞争的实力。

三、与全额保障性收购制度的关系

2009 年修订的《可再生能源法》第 14 条规定，"国家实行可再生能源发电全额保障性收购制度……电网企业应当与按照可再生能源开发利用规划建设，依法取得行政许可或者报送备案的可再生能源发电企业签订并网协议，全额收购其电网覆盖范围内符合并网技术标准的可再生能源并网发电项目的上网电量……电网企业应当加强电网建设，扩大可再生能源电力配置范围，发展和应用智能电网、储能等技术，完善电网运行管理，提高吸纳可再生能源电力的能力，为可再生能源发电提供上网服务。"该条清楚地规定了我国实行可再生能源发电全额保障性收购的定义和实现手段。

国家实行可再生能源发电全额保障性收购制度，能够解决我国目前可再生能源电力开发中面临的"局部饱和、全局饥饿，东西部电力负荷差异巨大"的瓶颈问题，并督促电网公司通过解决自身的技术问题，推动可再生能源发电产业的发展，进而实现我国到 2020 年可再生能源占到能源消费总量15% 的目标。

可再生能源配额制度与全额保障性收购制度均是为了实现我国制定的可再生能源发展规划和总量目标，是实现总量目标的政策手段。全额保障性收购制度的义务主体主要是电网企业，而配额制的义务主体是随着国家政策而有所变化的，电网企业、发电企业、配电企业和售电商等都有可能成为配额制的义务主体。另外，全额保障性收购制度涉及的主要是电网技术性问题，对政府管理未提出更高的要求，而配额制度则除了涉及技术问题外，对政府的管理及配额监管提出了更高的要求。

四、与绿色电力制度的关系

绿色电力是利用可再生能源，如风能、生物质能、太阳能、潮汐能或水能等生产的电力，是环境友好型的二次能源。绿色电力制度，也被称为绿色电力机制（Green Power Mechanism），一般是指政府支持消费者自愿选择通过支付比普通电力更高的费用来购买绿色电力，并制定相应政策保证多支付的费用用于支持可再生能源的发展。绿色电力市场机制最初在荷兰被采用，自 20 世纪 90 年代中期起开始在美国、德国、澳大利亚等国家逐步发展起来。

可再生能源配额制度与绿色电力制度都是推动可再生能源发展的制度。二者的不同在于：第一，前者一般是政府强制性地规定义务主体在其电力消费结构中必须包含一定比例或数量的可再生能源电力，而后者则是电力消费者自愿从供电商处购买经过认证的可再生能源电力；第二，对于绿色电力价格高出常规电力的部分，前者由电网或者所有的消费者来分摊，而后者则由自愿购买的消费者来承担。

通过对可再生能源配额制度与其他制度进行比较分析可以看出，虽然配额制度是推动可再生能源发展的有效制度，但是该制度有自己的适用条件和优劣势。可再生能源配额制度的优点主要有：首先，能够为开发可再生能源提供市场保障。由于可再生能源配额制度实施的前提是要有明确的可再生能源发电目标，并且规定了强制性手段来保障目标的实现，从而为开发可再生能源提供了持续的市场保障。社会各投资主体与开发商能够根据政府制定的总量目标对可再生能源产业的发展形势作出判断，从而增强对可再生能源项目进行投资与开发的信心。其次，有利于降低开发可再生能源的成本。在配额制度下，义务主体出于自身经济利益的考虑，总是会采用成本最低或效率最高的方式来完成配额任务。他们可以跟当地可再生能源发电商签订长期购电合同，通过购买其所发的电量来完成配额义务，也可以自己投资或开发可再生能源项目来完成配额目标，还可以通过绿色证书交易从全国任何可再生能源发电商那里购买绿色证书来完成自己的配额目标。只有那些能成功降低成本、保持市场竞争优势的项目才可能生存下去，因此客观上起到降低可再生能源开发成本的作用。最后，有利于降低行政成本。由于可再生能源配额制度是基于市场的制度，它要求最小化的政府和最大化的市场。政府在其中的角色简化为制定目标、监督政策的执行和处罚违规行为等，因而降低了政府行政成本。同时由于它要求更加透明的管理，也最大限度地减少了政府行政过程中的权力寻租。

但是，可再生能源配额制度也有它自身的缺点，诸如：一是不能最大限度地开发利用可再生能源。实施可再生能源配额制度后，义务主体往往满足于其所应承担的配额义务，对于进一步开发可再生能源失去了动力而不再努力开发更多的可再生能源，因此配额指标相当于为其设定了一个上限。国家要想发展更多的可再生能源，除了配额制度以外，还需要制定发展可再生能源的激励制度，用以弥补配额制度的这一缺陷。二是增加可再生能源的投资风险。可再生能源配额制度是基于市场机制的制度，而市场经济中的商品的价格受供求关系的影响而上下波动。由于可再生能源的价格完全取决于市场，而市场的风险性会引起价格的不确定性，因而会增加可再生能源生产商或投资者的投资风险，亦可引发融资困难。三是配额制度有可能造成企业间不公平竞争，甚至垄断，从而阻碍了可再生能源的长远发展。由于配额制度基于市场机制运作，大型能源企业无论从信息、资金还是规模上都具备得天独厚的优势，在一定程度上会限制或排斥新的、中小投资者进入可再生能源发电市场，难以真正实现促进可再生能源市场繁荣发展的目的。四是不利于可再生能源技术的多元化发展。虽然配额制度鼓励各种可再生能源发电形式都能参与电力市场交易，但事实上，基于成本、电网接入技术等各种因素，供电商更愿意收购达到一定规模的可再生能源电力。较小规模可再生能源电力（例如太阳能、生物质能、污水处理、垃圾填埋等）会面临更多的入网问题，从而不利于可再生能源发电的多样化发展。五是配额制操作相对复杂，还需要政府有效的监督和强有力的惩罚措施，对我国政府的行政能力提出了考验，提高了监管成本。[1]

通过分析可再生能源配额制度的优势和劣势，有助于我们结合现行有效的制度，兴利除弊，设计出适合我国国情的可再生能源配额制度，共同推动可再生能源的发展。

---

〔1〕 参见李艳芳："我国《可再生能源法》的制度构建与选择"，载《中国人民大学学报》2005 年第 1 期。

第三节　可再生能源配额制度的国内外实践

一、可再生能源配额制度的国外实践

（一）国外可再生能源配额制度的发展概况

自 20 世纪八九十年代可再生能源配额制度在欧洲和北美洲[1]开始实施以来，越来越多的国家和地区开始将其作为本国和地区开发可再生能源的基本制度。

国际上实施可再生能源配额制度的国家或地区一般都是为了应对该国或地区面临的能源紧缺局势或通过发展可再生能源来实现能源的多元化发展，从而保障能源供应安全。此外，通过发展绿色证书交易来推动配额制度的实现，还能创造更多的投资和就业机会，进而加快经济发展。促使各国发展配额制度的另一个重要因素就是通过发展可再生能源，减少对常规能源的开发和利用，从而减缓环境污染。这些国家中有的是出于应对气候变化的目的而发展可再生能源，实现其在国际上所作出的减排承诺，如欧盟国家；有些国家则是为提高本国或本地区的环境质量而考虑通过配额制度来加快对可再生能源的开发。

据统计，截止到 2014 年底，全球有 24 个国家和 5 个国

---

〔1〕　有研究报告认为，美国爱荷华州于 1983 年在世界上首先开始推行配额制，参见 REN21 Steering Committee，"Renewables Global Status Report 2009 Update"，Printed by Renewable Energy Policy Network for the 21st Century.

家的地方层面实施可再生能源配额政策（24 个国家是：智利、以色列、意大利、日本、立陶宛、挪威、波兰、葡萄牙、韩国、瑞典、英国、阿尔巴尼亚、中国、马来群岛、帕劳、罗马尼亚、南非、加纳、印度、印尼、菲律宾、塞内加尔、斯里兰卡、吉尔吉斯斯坦；在地方层面实施配额制的 5 个国家是：美国、澳大利亚、比利时、加拿大、阿联酋）[1]。

（二）国外可再生能源配额制度的主要内容

由于各国的政策目标、能源或电力产业结构、管理体制或公众的认知水平各有差别，配额制度的内容和形式往往有些差别。但是大多数国家的配额制度中一般都会包含以下几个主要内容：

（1）可再生能源发展的总量目标，也就是一定时期内要达到的可再生能源的发电总量或可再生能源发电量在一国或地区的总电力供应量中所占的比例是多少，它是配额制度实施的大前提，也是下一步为义务主体分配指标的基础。

（2）可再生能源配额制度的义务主体以及客体，即将开发利用可再生能源的指标配给谁，是发电商、电网经营商还是供电商，抑或是消费者？应该将哪些可再生能源技术种类纳入配额制度的实施范围，即配什么？

（3）政府在进行配额的过程中应该坚持的原则或标准，即怎么配？

（4）履行配额义务的手段或者灵活履行制度，如绿色证

---

〔1〕 Janet L. Sawin, Freyr Sverrisson, "Renewables 2014 Global Status Report", *Renewable Energy Policy Network for the 21st Century*, 6 June 2014, pp. 89 ~ 91.

书制度。大多数国家会引入绿色证书交易机制，以降低制度的履行成本，顺利完成配额制度的设计目标。

（5）可再生能源配额制的监管和法律责任，即为了监督配额制度的履行，并处罚违规行为等，应确定哪些部门作为配额制度实施的组织者和监管者？义务主体完不成配额义务时应该承担什么法律责任？

此外，配额制度并不是一个孤零零的制度，它需要结合国家的其他制度措施，共同推进可再生能源的发展。

（三）国外实施可再生能源配额制度的效果

虽然可再生能源配额制度不是推动可再生能源发展的唯一政策，但是包括可再生能源配额制度在内的各种促进性政策极大地推动了可再生能源的发展。全球可再生能源发展迅速，自2004年到2009年的5年间世界范围内可再生能源以每年10%～60%的比例在增长。其中包括传统的生物质能，大的水电和新兴可再生能源（小水电、现代生物质、风能、太阳能、地热能和生物燃料）在内的可再生能源占了全球最终能源供应的19%。在这19%的可再生能源中，传统的生物质能，主要用于做饭和取暖，占到13%，水电占到3.2%，并且增长缓慢。其他形式的可再生能源占到2.6%并且在发达国家和发展中国家迅速增长。[1] 在发电领域，2009年，在不包含大型水电的前提下，可再生能源发电大约能达到305GW，比2008年增加了22%。风电和太阳能光伏在2009年达到了历史最高水平，在欧洲和美国，2009年的新发电装

---

〔1〕 "Renewables 2010 Global Status Report", *Renewable Energy Policy Network for the 21st Century*, pp. 15～16.

机容量中有一半以上来自于可再生能源发电，有超过 1500 亿
美元投资在新的可再生能源装机容量和设备制造厂；而相比
之下，2004 年仅有 300 亿美元。[1]

　　据统计，2013 年，我国新增可再生能源发电容量第一次
超过化石燃料和核燃料新增发电容量，可再生能源发电占国
内发电的 20% 以上（>1000 TWH）。在欧盟，可再生能源新
增发电量占新增总发电量的 72%，而 10 年前则是传统的化
石燃料新增发电量在欧盟二十七国以及挪威和瑞士中占新增
发电总量的 80%，可再生能源的新增产能已经连续六年占欧
盟新增产能的大部分；2012 年可再生能源消费量在全球能源
消费中占到 19%，并且在 2013 年持续增长；2013 年，可再
生能源发电容量占全球净增发电容量的 56% 以上。估计到
2014 年年底，全球可再生能源发电装机容量约占全部发电装
机容量的 26.4%，可再生能源发电消费量约占全球电力消费
的 22.1%。[2] 2013 年可再生能源最重要的增长发生在电力行
业，全球可再生能源产能超过 1560GW，比 2012 年增加了 8%
以上，水电增加了 4%，大约 1000 GW。而其他种类可再生能
源共同增长近 17%，约 560GW。全球新增的可再生能源发电
容量中，水电和太阳能光伏各约占 1/3，紧随其后的是风力发

　　〔1〕 "Renewables 2010 Global Status Report", *Renewable Energy Policy Network for the 21st Century*, p. 4.

　　〔2〕 参见 Janet L. Sawin, Freyr Sverrisson, "Renewables 2014 Global Status Report", *Renewable Energy Policy Network for the 21st Century*, 6 June 2014, p. 14.

电（占29%）。太阳能光伏发电首次超过风力发电。[1]

实施可再生能源配额制度后，许多国家或地区的可再生能源得到了迅速发展。以美国德克萨斯州为例，1998年德克萨斯州可再生能源发电在州电力生产中仅占1%；[2] 而实施配额制度后，2007年德克萨斯州的可再生能源发电占州内发电的比例接近3.3%；[3] 仅2007年一年，就新增1600MW的风力装机容量；2008年的第一季度，已经有5317MW的风力装机量，远远超过了其他州。[4] 德克萨斯州在1999年设定的新生产2000MW的可再生能源目标在2007年已经完成了。可再生能源的迅速发展，一定程度上缓解了该州面临的能源安全压力。

但是配额制度并非在所有国家都得到了成功的实施。英国虽然实施可再生能源配额制度比较早，但是并未取得制度设计

---

[1] 到2013年年底，中国、美国、巴西、加拿大和德国在总安装可再生电力容量方面在全球仍然名列前茅。中国占世界可再生能源发电容量的24%，其中包括大约260兆瓦的水电。可再生能源装机容量非水电最多的国家又是中国、美国和德国，其次是西班牙、意大利、印度。参见 Janet L. Sawin, Freyr Sverrisson, "Renewables 2014 Global Status Report", *Renewable Energy Policy Network for the 21st Century*, 6 June 2014, p. 13.

[2] 此外煤炭发电占39%，天然气发电占49%，核电占11%。See Ryan Wisera, Ole Langniss, "The Renewables Portfolio Standard in Texas: An Early Assessment", 载 http://eetd. lbl. gov/EA/EMP/，最后访问时间：2009年12月10日。

[3] See Christine Real de Azua, "The Future of Wind Energy", 14 *Tul. Envtl. L. J.* 2001, p. 485.

[4] 2006年，美国德克萨斯州超过加利福尼亚州成为美国拥有风力装机容量最多的州，并且全美最大的风力农场735MW的马谷项目就坐落在德克萨斯州。2008年一季度的装机容量几乎超过了2005年该州立法中设定的强制性指标，而且ERCOT预计2009年春季将有10 000MW的装机容量。See Governor's Competitiveness Council, "2008 Texas State Energy Plan", July 2008.

之初所预期的可再生能源发展目标。产生这种效果的原因是多
方面的，既有配额制度本身引起的市场风险增加的问题，也有
制度设计的欠缺合理性造成的。[1] 英国2013年通过的《能源
法案》（The Energy Act）规定了一些新的条款，其中包括到
2017年新建项目不再承担发展可再生能源的强制性义务。[2]

二、可再生能源配额制度在我国的发展

《可再生能源法》在起草的过程中，社会各界围绕我国
将来是实施可再生能源配额制度还是固定电价制展开了热烈
的讨论，经过几年的讨论，2005年颁布并于2006年1月1日
实施的《可再生能源法》最终确立了固定电价制度。但尽管
如此，随着对可再生能源开发利用工作的不断推进以及固定
电价制度在实践中不断显露的弊端，国家开始研究通过逐步
实施配额制度来推动可再生能源的发展。在2007年国家公布
的《可再生能源中长期发展规划》中已经开始出现配额制的
雏形，在该规划的第八部分"规划实施保障措施"中规定：
"建立持续稳定的市场需求：对非水电可再生能源发电规定
强制性市场份额目标：到2010年和2020年，大电网覆盖地
区非水电可再生能源发电在电网总发电量中的比例分别达到
1%和3%以上；权益发电装机总容量超过500万千瓦的投资
者，所拥有的非水电可再生能源发电权益装机总容量应分别

---

〔1〕 关于英国实施可再生能源配额制度的效果及原因分析，国内已经有学
者进行了深入分析，如时璟丽、李俊峰："英国可再生能源义务法令介绍及实施
效果分析"，载《中国能源》2004年第11期。
〔2〕 参见 Janet L. Sawin, Freyr Sverrisson, "Renewables 2014 Global Status
Report", *Renewable Energy Policy Network for the 21st Century*, 6 June 2014, p. 79.

达到其权益发电装机总容量的 3% 和 8% 以上"。由于其没有规定具体的考核监督办法，该规划中对发电指标的规定还只停留于规划阶段，并未真正得到实施。

2009 年新修订的《可再生能源法》（以下简称"新《可再生能源法》"）在规定了全额保障性收购制度的同时，进一步强化了可再生能源规划的重要地位和对落实规划的重视。2010 年 10 月，国务院出台的《关于加快培育和发展战略性新兴产业的决定》（国发〔2010〕32 号）多处提出要重点培育和发展新能源，并作出要"实施新能源配额制，落实新能源发电全额保障性收购制度"的规定。从 2012 年开始，国家能源局制定了《可再生能源电力配额管理办法（讨论稿）》，之后《可再生能源电力配额管理办法（征求意见稿）》下发。2014 年 8 月，《可再生能源电力配额考核办法》讨论稿通过发改委主任会议。

可见，配额制度在我国可再生能源领域具有越来越重要的地位。我们有必要借鉴国际上配额制度实施的先进经验，为我所用，设计出适合我国可再生能源国情的配额制度，进一步推动我国可再生能源的发展。

第二章

可再生能源配额制度的理论基础

可再生能源配额制度虽然只是可再生能源开发利用过程中的一种制度选择，但是该制度的确立、具体实施以及制度的完善都是有一定的理论做支撑的。本章通过分析与可再生能源配额制度密切相关的基础理论和价值理念，为我国可再生能源配额制度的制度构建及具体实施提供理论指导。

第一节　可持续发展理论

一、可持续发展理论的概念

可持续发展（Sustainable Development）最初是在 1987 年由挪威首相布伦特兰夫人领导的世界环境与发展委员会（又称布伦特兰委员会）向联合国提交的《我们共同的未来》的研究报告中首先提出的。该报告将可持续发展概念诠释为，

"既满足当代人的需要，又不对后代人满足其需要的能力构成危害的发展。它包括两个重要的概念：'需要'的概念，尤其是世界贫困人民的基本需要，应将此放在特别优先的地位来考虑；'限制'的概念，技术状况和社会组织对环境满足目前和将来的需要的能力施加的限制。"[1] 可持续发展包含着息息相关的三方面内容，即生态、经济乃至社会的可持续发展，既要维持当代人全面的生活质量，又要体现代际公平，维持对自然资源的永续利用，保障社会的可持续发展。[2]

1992 年召开的联合国环境与发展大会上通过的《关于环境与发展的里约宣言》（以下简称《里约宣言》）也有多项原则直接提到可持续发展。例如，该宣言的原则 3 提出"为了公平地满足今世后代在发展与环境方面的需要，求取发展的权利必须实现"。原则 8 提出"为了实现可持续的发展，使所有人都享有较高的生活素质，各国应当减少和消除不能持续的生产和消费方式，并且推行适当的人口政策"。该大会还通过了《21 世纪议程》，该议程的核心是建立新的全球伙伴关系，为各国实施《里约宣言》里制定的各项原则和实现可持续发展提供了具体的行动纲领。

可持续发展原则在多项国家环境条约中均有所体现，如《气候变化框架公约》、《生物多样性公约》等条约。在《气体变化框架公约》的序言中就明确写道："申明应当以统筹兼顾的方式将气候变化的行动与社会和经济发展协调起来，以

---

〔1〕 世界环境与发展委员会：《我们共同的未来》，王之佳等译，吉林人民出版社 1997 年版，第 52 页。

〔2〕 周珂：《环境法》，中国人民大学出版社 2005 年版，第 39 页。

免后者受到不利影响，同时考虑到发展中国家实现持续经济增长和消除贫困的正当的优先的需要。"第 3 条原则规定："各缔约方有权并且应当促进可持续的发展。保护气候系统免遭人为变化的政策和措施应当适合每个缔约方的具体情况，并应当结合到国家的发展计划中去，同时考虑到经济发展对于采取措施应付气候变化是至关重要的。"

二、可持续发展理论在我国环境能源领域内的体现

可持续发展理论对于我国环境和能源领域的指导，具体体现在三个方面：一是要注重能源节约，即"节流"；二是多开发能够可持续利用的可再生能源和新能源，即"开源"；三是以环境友好的方式开发和利用能源，减少对环境造成的不良影响，最终实现资源的可持续利用。较之"节流"而言，"开源"更具有长远的战略意义，应成为我国未来对能源进行开发利用的主要方向。

（一）可持续发展理论在我国环境保护领域的体现

可持续发展原则要求无论是发达国家还是发展中国家，均应以可持续的方式开发和利用自然资源，即采用"谨慎的"、"合理的"或者"合适的"方式，进一步提高自然资源的利用效率，减少废弃物的产生，培养可持续的生产模式；在日常消费过程中，尽量购买环境友好产品，逐步培养可持续的消费观念。

可持续发展对我国环境立法产生了深远影响。以它为理论基础，我国环境法律体系发生了一系列变革与创新，形成了一些新的法律原则和制度，如环境保护同经济、社会持续发展相协调的原则；预防为主、防治结合、综合治理的原则；

污染者付费、利用者补偿、开发者保护、破坏者恢复的原则；等。以它为指导或立法目的，逐渐形成了以环境污染防治法、生态保护建设法和自然资源法为内容的新型环境法律体系，我国先后制定、修改了多部环境法律，如《大气污染防治法》、《固体废物污染环境防治法》、《水污染防治法》、《煤炭法》、《清洁生产促进法》、《循环经济促进法》等。

（二）可持续发展理论在我国能源领域的体现

目前在我国面临着能源短缺的形势下，更应以可持续发展理论为指导，尤其是通过完善相关的立法和政策，来加快对可再生能源的开发和利用，促进我国经济和社会的可持续发展。

我国目前制定的一系列能源规划和相关立法都体现了可持续发展的原则，如我国在《能源发展第十二个五年规划》中明确"以加快转变发展方式为主线，着力推进能源体制机制创新和科技创新，着力加快能源生产和利用方式变革，强化节能优先战略，全面提升能源开发转化和利用效率，控制能源消费总量，构建安全、稳定、经济、清洁的现代能源产业体系，保障经济社会可持续发展"。[1] 并且据此制定了可再生能源领域的专项规划，如《可再生能源发展"十二五"规划》等。这些规划和目标都是我国以可持续发展观为基础，通过发展可再生能源来缓解我国的能源供求紧张、发展社会经济的重要举措。

《可再生能源法》作为鼓励可再生能源进行开发和利用的法律，从立法目的、立法原则、制度设计以及具体内容上，

――――――――

〔1〕 参见《能源发展第十二个五年规划》。

无不体现了可持续发展的理论要求。

国际上实施可再生能源配额制的实践经验表明，可再生能源配额制度为发展可再生能源的重要制度之一，有力地推动了可再生能源的发展，对于缓解国外能源短缺起到了不可或缺的作用，因而发展可再生能源配额制度也是可持续发展理论的具体体现。

第二节　经济学理论

一、外部性理论和"公地的悲剧"

（一）外部性理论的内涵

外部性也称溢出效应，是指一个生产者或消费者的生产或消费活动对其他生产者或消费者所附带产生的成本或效益的情况。外部性有正负之分。正外部性是指一个生产者或消费者的生产或活动使其他社会成员无需付出代价而得到好处；负外部性则指一个生产者或消费者的生产或活动使其他社会成员蒙受损失而未给予补偿。[1]

解决外部性问题的基本原则是外部性内部化。科斯认为，在不存在交易成本的情况下，只要通过明确界定，任何的产

────────────

〔1〕　王文革、吴晨波："论节能配额交易制度"，载《环境科学与技术》2008 年第 4 期。

权安排都能产生最佳效果。[1]

外部性是引起市场失灵的重要原因之一。倘若不对外部性水平进行适当调整，市场均衡就不会达到帕累托最优。实践中，环境污染是典型的存在负外部性的例子。科斯建议的替代外部性管制的一个可供选择的方法是由单独的个体（污染者和受害者）就污染的排放和补偿支付进行讨价还价。[2]但前提是要有明确的产权界定，并且交易成本比较低。经济学家一般认为，"那些引起'外部'损害的行为，比如工厂排放废气或是伐木造成水土流失，应该被征税或是限制在一个特定的范围内，直到使边际外部损害等同于边际私人收益，换句话说，就是边际净损害为零。……如果抓捕、定罪以及惩罚违法者的费用为零，并且如果每个违法行为都造成了比私人收益更大的外部损害，那么应该通过设置足够严厉的刑罚以消除所有犯罪，这样违法行为带来的社会损失会被最小化。最小化社会损失会与通过设置足够严厉的刑罚最小化犯罪的标准相一致……违法者不得不弥补抓获他而花费的成本，像弥补他直接造成的损害那样，这是一个通常的外部性分析自然而然的普遍化。"[3]

因此，外部性内部化的途径基本上可以分为两种：一是

---

〔1〕 ［美］丹尼尔·F. 史普博:《管制与市场》，余晖等译，余晖总校，格致出版社、上海三联书店、上海人民出版社 2008 年版，第 64 页。

〔2〕 ［美］丹尼尔·F. 史普博:《管制与市场》，余晖等译，余晖总校，格致出版社、上海三联书店、上海人民出版社 2008 年版，第 427~428 页。

〔3〕 ［美］加里·贝克尔:"犯罪与刑罚：一种经济学进路"，牛悦译，节选自［美］唐纳德·A. 威特曼编:《法律经济学文献精选》，苏力等译，法律出版社 2006 年版，第 392~393 页。

主要通过政府干预来解决，包括政府定价、向责任人征税、对受害者进行财政补贴等手段；二是主要通过市场机制来解决，即在明确所有权或资源物权的前提下，通过加害者和受害者即市场主体之间的交易来解决。这两种手段在适用的时机条件和具体要求方面有所不同，实践中，政府往往发挥它们各自的优势而将二者结合起来使用。

（二）"公地的悲剧"的含义

1968年，美国学者哈定在《科学》杂志上发表了一篇题为《公地的悲剧》的文章。该文章中讲述了如下一个故事：英国历史上曾经存在一种叫做"公地"的土地制度——封建主在自己的领地中划出一片尚未耕种的土地作为牧场（称为"公地"），无偿向牧民开放。这本来是一件造福于民的事，但由于是无偿放牧，每个牧民都养尽可能多的牛羊。随着牛羊数量无节制地增加，公地牧场最终因"超载"而成为不毛之地，牧民的牛羊最终全部饿死。

如果用经济学的视角来解读该故事，则故事中的"公地"可以被理解为一种公共物品，"公地的悲剧"可以理解为一起因公共产品而引起市场失灵的例子。公共产品具有两个关联密切的特征：一是消费的非竞争性。一定时期内，单个的消费者对公共产品的消费并不减少可供其他消费者消费的量。二是占有上的非排他性。排除没有付费的消费者来消费这个产品的成本如此之高以至于没有任何个人或企业愿意提供这种产品。之所以会出现"公地的悲剧"，原因如下：首先，公地作为一种集体物品，没有明确的私人产权界定，从而引发私人"搭便车"的行为。其次，由于没有对使用公地的私人采取任何的措施或征收费用，即其占用或使用公共物品的外部成本并未内部化，从而引发更多私人争相"搭便车"，最终加剧外部环境的恶化。

解决因公共物品引起的市场失灵一般有两种办法：一是政府直接地或间接地通过税收系统为公共产品的私人生产提供补贴；二是政府可以自己提供公共产品，通过强制性的税收来弥补这种产品成本。[1]

（三）我国当前的能源利用模式

（1）我国以煤炭为主的能源消耗结构是造成环境污染的主要原因。能源结构与环境状况密切相关，我国能源结构的特点是富煤、贫油、少气，而能源消耗主要是依赖煤炭。化石能源的消耗是大气污染物的主要来源，我国以煤为主的能源消费结构是造成包括气候变暖在内的环境安全问题的主要原因。我国约90%的二氧化硫和氮氧化物、70%的烟尘排放来自于化石能源的生产和消费。二氧化硫、氮氧化物、烟尘等造成的酸雨、呼吸道疾病等已经严重威胁人体健康和经济发展。研究发现，提供相同能量的条件下，煤的硫、氮氧化物排放量分别是秸秆的7倍和1.15倍；用1万吨秸秆替代煤炭能量，烟尘排放将减少100吨。因此，生物质能替代化石能是减少二氧化碳、二氧化硫、氮氧化物等污染物质排放的有效措施之一。[2]

（2）能源的不合理利用带来大量环境污染问题。能源的

〔1〕参见［美］罗伯特·D.考特、［美］托马斯·S.尤伦：《法和经济学》，施少华、姜建强等译，张军审校，上海财经大学出版社2002年版，第37页。
〔2〕刘国涛、石岩："生物质能源及其政策立法重点"，载《中国地质大学学报（社会科学版）》2007年第2期。

不合理利用还带来一系列环境污染问题，据统计，目前在全国范围内，流经城市的 90% 河段受到严重污染，75% 的湖泊出现富营养化；60% 的城市空气质量达不到二级标准，机动车尾气污染问题日益突出。[1]

若单纯对可再生能源最终产品的使用过程所排放的污染物（如二氧化碳、硫化物等）而言，与煤炭、石油等常规能源相比，可再生能源是清洁能源或污染很小的能源。但是，可再生能源产品的产生过程，也会排放大量的污染物，对生态环境构成威胁。任何一种能源包括新能源与可再生能源的开发利用，都会对环境带来一定的负面影响，例如天然气是一种清洁能源，但也排放一定的氮氧化物，另外使用与传输中还会发生甲烷的损失与泄露；水力发电尽管属于一种可再生能源，但也可能引发自然、生物、水体的物理化学性质发生变化；生物质燃料在较差的炉灶里燃烧容易生成一氧化碳、烟及有机化合物；太阳能是一种很有效的能源手段，但太阳能电池在制造中会产生一些有害物质；地热发电目前效率不高而且仅限于一些特殊地点，其使用也会带来一些有害物质；而核能虽然具有比较清洁、产生温室气体少以及对生物多样性的影响比较小等优点，但却存在核辐射的潜在风险以及对核废料处理的担忧。[2] 因此可再生能源如果不加以合理利用，仍然会对环境安全造成威胁。

---

〔1〕 薛惠锋："对《可再生能源法》颁布并实施一周年的思考"，载《中国建设动态（阳光能源）》2007 年第 5 期。

〔2〕 杨解君："可持续发展与中国能源法制建设"，载《南京工业大学学报（社会科学版）》2007 年第 3 期。

（四）外部性理论和"公地的悲剧"在环境资源领域的应用

外部性理论作为一种市场经济法则，为环境资源保护奠定了市场经济理论基础。我国环境保护过程中的环境责任原则就是该理论的直接体现，即"污染者付费、利用者补偿、开发者保护、破坏者恢复"的原则。该原则是指，人们基于对环境和资源的利用，或对环境造成污染破坏、对自然资源造成减损，即应承担法律义务和法律责任。[1]

生态环境或自然环境很明显是一种公共物品。"公地的悲剧"为我国开展环境资源保护敲响了警钟，应鼓励以更加清洁、环保的方式开发能源，加大对环境友好型的可再生能源的开发利用。

在以化石能源作为燃料的传统发电模式下，发电成本一般包括燃料成本、机组折旧、财务费用、人工和维护费用、管理费用等与电力生产直接相关的经济成本，而传统能源发电过程中所导致的大气污染、水污染或噪声污染这些环境污染成本、资源补偿成本即负外部性成本却没有被计算到发电成本中去。相比之下，在可再生能源发电模式下，其发电过程中无污染或污染很小，并且所利用的资源可以被永续利用，不存在引起资源耗竭的问题，因此，对可再生能源的开发利用具有明显的正外部性，不会对公众的环境利益或资源利益造成损害或损害很小。但是其由于是新兴技术，在开发可再生能源用于发电的过程中需要更高的经济成本，而高于传统发电的这部分成本却没有得到充分的补偿，导致可再生能源

---

〔1〕 周珂：《环境法》，中国人民大学出版社2005年版，第47页。

发电的发电价格明显高于常规能源发电，从而无法在常规能源市场中参与竞争，这就会引起能源市场的市场失灵。实施可再生能源配额制度后，国家给予传统的发电企业或输配电企业以固定的生产可再生能源电力的配额，并辅之以绿色证书交易制度来灵活地实现其配额义务，使可再生能源发电的环境效益得到体现，从而使市场主体之间互通有无，逐渐消除负外部性的存在。

目前，包括五大发电集团在内的拥有500万千瓦火电装机容量的14家发电企业，占全国火电装机容量的72%，其发电量合计已占全国的65%，本着谁污染谁治理的原则，应充分发挥这些发电企业的优势和力量，以促进我国可再生能源发展和实现可持续发展能源战略。为了实现2020年国家可再生能源发展目标，结合国情现状，采取适当的手段和措施，给予大型发电企业一个最低比例的可再生能源发电配额，是一种积极有效、确保目标实现的措施。

二、制度经济学基础理论

19世纪末20世纪初，以美国学者T. 凡勃伦、J. R. 康芒斯、W. C. 米切尔等为代表，形成了制度经济学派，之后又形成了以科斯等学者为代表的新制度经济学派。该学派非常重视对非市场因素的分析，诸如制度因素、法律因素、历史因素、社会和伦理因素等，尤其是制度因素，强调这些非市场因素是影响社会经济生活的主要因素。因此，以制度作为视角，研究"制度"和分析"制度因素"在社会经济发展中的作用成为制度经济学的重要研究内容。

从经济学的角度来看，制度是那些人们自愿或被迫接受的、规范人类选择行为的习惯和规则。[1]

　　制度经济学认为，制度决定着人们行为的范围和方式，并因此影响着相应的经济绩效。那么，什么是制度呢？诺贝尔经济学奖获得者道格拉斯·C. 诺思（North）认为："制度是为约束在谋求财富或本人效用最大化中个人行为而制定的一组规章、依循程序和伦理道德行为准则。"[2] 这种约束包括正式约束和非正式约束。正式约束包括人所发明设计的规则，如各种层面的法律、规章及政策；非正式约束则包括习俗、惯例、行为准则等。尽管说制度是一系列规则的组合，甚至说制度就是规则，但二者是两个不同的概念。规则只是制度中的一部分，它还包括实施规则的社会机构和组织。[3] 因此，诺思在 1991 年提出了一个更为广泛的"制度框架"概念，它包括"法律规则、组织形态、实施机制和行为规范"。[4] 尽管制度主要是由规则组成，但制度不仅仅包括规则，还包括相应实施机构和组织。所以，制度是一个系统，在该系统里，规则是中心，围绕规则设有相应机制，彼此联系紧密，从而使规则得以有效实施，成为活的规则。[5]

---

　　〔1〕　盛洪主编：《现代制度经济学》（下卷），北京大学出版社 2004 年版，第 284 页。

　　〔2〕　［美］道格拉斯·C. 诺思：《经济史中的结构与变迁》，陈郁等译，上海三联书店、上海人民出版社 1994 年版，第 197～198 页。

　　〔3〕　参见樊纲：《渐进之路：对经济改革的经济学家分析》，中国社会科学出版社 1993 年版，第 12 页。

　　〔4〕　［日］青木昌彦：《比较制度分析》，远东出版社 2001 年版，第 6 页。

　　〔5〕　徐强胜：《经济法和经济秩序的建构》，北京大学出版社 2008 年版，第 27 页。

制度经济学的基本理论对我国发展可再生能源过程中的制度选择有很大的指导作用，具体分析如下：

（一）制度的形成是社会博弈的结果

诺思对制度（institutions）概念的基本理解："制度是一个社会的博弈规则，或者更规范一点说，它们是一些人为设计的、型塑人们互动关系的约束。"[1] 诺思认为，制度规则的形成主要是由于国家的推动，而不是公民个人在相应活动中逐渐形成的。所以，诺思特别强调国家在制度变迁和秩序建构中的作用和意义，认为统治者出于个人利益最大化的考虑，可以决定保持或维系一些低效率的产权形式或制度安排。这就意味着，国家可以根据自己的利益需要来发明、设计、决定和选择相应制度规则。当一个国家制定的制度规则有利于引导个人利益的时候，这个国家的经济就会顺利发展；当一个国家制定的制度规则只符合统治者自身利益而对广大个人利益不利时，这个国家就会出现经济衰退。[2]

诺思又指出，"理解经济变迁过程的关键在于促动制度变迁的参与者的意向性以及他们对问题的理解"；"人们所持的信念决定了他们的选择，而这些选择反过来又构造了人类处境的变化"。在信念体系和制度框架之间存在着密切的联系。信念体系体现了人类处境的内在表诠（internal representation），制度则是人类施加在所处环境之上以达至合意结果

---

〔1〕［美］道格拉斯·C.诺思：《制度、制度变迁与经济绩效》，杭行译，韦森审校，格致出版社、上海三联书店、上海人民出版社2008年版，前言第6页。
　　〔2〕徐强胜：《经济法和经济秩序的建构》，北京大学出版社2008年版，第99页。

的结构。因而，信念体系是内在表诠，制度则是这种内在表诠的外在显现（manifestation）[1] 也就是说，观念和意识形态是重要的。而制度在决定其重要的程度方面发挥着主要作用。观念与意识形态型塑了个人用以解释周围世界并作出选择的主观心智构念。正式制度的一个主要结果是机制，如民主的投票系统，或科层的组织结构。它们使身为代理人的个人能表达他们自己的看法，并且，不同于大多数经济学和公共选择理论中的简单利益集团模型所暗含的，他们对结果能造成完全不同的影响。[2]

任何一种制度选择或变革道路的选择，都可能不单单取决于当时的统治集团的偏好，而是社会各种利益集团"公共选择"的结果，取决于各种利益集团的相对势力及其"合力"。[3]

国外一些国家在采纳配额制度的过程中，就比较注重充分发挥社会组织以及公众在制度制定中的作用，比如，美国的德克萨斯州在确立配额制之前就在州内进行的"审慎民意

---

〔1〕 ［美］道格拉斯·C. 诺思：《制度、制度变迁与经济绩效》，杭行译，韦森审校，格致出版社、上海三联书店、上海人民出版社 2008 年版，前言第 41～43 页。

〔2〕 ［美］道格拉斯·C. 诺思：《制度、制度变迁与经济绩效》，杭行译，韦森审校，格致出版社、上海三联书店、上海人民出版社 2008 年版，第 153 页。

〔3〕 盛洪主编：《现代制度经济学》（下卷），北京大学出版社 2004 年版，第 178～179 页。

测验"（deliberative opinion poll）[1]，意外地发现公众对发展可再生能源的强烈认同和支持[2]，州政府据此作出在州内实施配额制的决定，并在 1999 年的州电力重组法中对可再生能源配额政策作了明确规定。

我国在发展可再生能源过程中，政府也要通过权衡可再生能源领域内的不同利益集团的意见，并考虑社会公众的意见，最终确立科学合理的制度来推动可再生能源的发展。在确立可再生能源配额制度之前以及进行具体的法律制度设计时，都必须遵循利益引导和博弈的基本规则，从而有利于配额制度的顺利实施。

（二）制度对引导社会发展起着至关重要的作用

制度结构以及制度变迁是影响经济效率以及经济发展的

---

〔1〕 这种方式由奥斯汀的德克萨斯大学举行的选举运动所创始，这种测验不同于传统投票的"一人一票"的方法，它聚集了不同群体的市民，提供给他们广泛的信息和各种不同的视角，并持续多日，以真正集思广益，得出比较准确的认识。这种模式要求州内的大公用事业单位组织 1996 年期间随机选出的几百市民并会讨论，所有参会者被要求先浏览一个"资料手册"，然后观看发电中每个环节的幻灯片，经过数天这种会议，他们会冒出一些出乎意料的想法。虽然会议组织者起初认为市民会选择花费最低的电力作为他们的首选，但是结果却发现能长期可靠供应的电力却成了他们的首选。这反映了公众对德克萨斯州电力放松管制后的公共安全和经济健康的关心。See Barry G. Rabe, "Greenhouse & Statehouse: The Evolving State Government Role in Climate Change", University of Michigan, November 2002; Barry G. Rabe, "Race to the Top: The Expanding Role of U. S. State Renewable Portfolio Standards", University of Michigan, June 2006.

〔2〕 在发展风电过程中，德克萨斯州居民对风电持比较包容的态度，而在美国许多其他州则经常受到排斥，比如马萨诸塞州的海角风能项目（Cape Wind Project）就受到当地居民的排斥，延缓了项目的审批程序。

重要因素。[1] 制度既是一个社会的整合机制，也是社会对个人的行为引导机制。一个合理的制度体系能够有效地促进个人利益的发展，从而促进整体社会利益的实现。新制度经济学的代表人物、诺贝尔经济学奖获得者诺思认为，"对经济增长起决定作用的是制度因素，而非技术因素"。[2] 良好的经济法律制度激励着个人能力的发挥，促进整体社会经济的发展；反之，不当的经济法律制度则阻碍着个人能力发展，最终也成为整个社会经济发展的障碍。但是，这并非说个人只能被动地选择这些经济法律制度，个人自利的追求是整个社会制度创新和发展的根源。[3] 诺思认为，"制度在社会中具有更为基础性的作用，它们是决定长期经济绩效的根本因素"。[4]

配额制度虽然并不一定在所有的国家都能够得到成功实施，但在具备了其实施的基本条件后，会极大地促进可再生能源的发展。仍然以美国德克萨斯州的配额制度实施为例。该州在实施配额制以来，州内的可再生能源得到迅速的发展。通过下列数据可以对其进行佐证：1998年的电力生产原料来

---

〔1〕 盛洪主编：《现代制度经济学》（上卷），北京大学出版社2004年版，第9页。

〔2〕 徐强胜：《经济法和经济秩序的建构》，北京大学出版社2008年版，第81页。

〔3〕 徐强胜：《经济法和经济秩序的建构》，北京大学出版社2008年版，第84页。

〔4〕 ［美］道格拉斯·C. 诺思：《制度、制度变迁与经济绩效》，杭行译，韦森审校，格致出版社、上海三联书店、上海人民出版社2008年版，前言第20页。

源比例中，可再生能源仅占 1%；[1] 而采用配额制后，2007
年德克萨斯州电力可靠性委员会（Electric Reliability Council
of Texas）管理范围内的电力生产中，可再生能源比例接近
3.3%；[2] 2008 年按照电力装机量计算，可再生能源增加到
大约 8.8%。[3] 2001 年底该州开始新安排 930MW 的风力装
机量，[4] 仅 2007 年，就新增加了 1600MW 的风力装机量，
2008 年的第一季度，已经有 5317MW 的风力装机量，远远超
过了其他州，1999 年设定的新生产 2000MW 的可再生能源目
标在 2007 年就已经完成，并且基本上都是通过风力发电完成
的。可再生能源的迅速发展，在一定程度上缓解了该州面临
的能源安全压力。

（三）制度是不断变化的，并且存在制度成本

从某种意义上讲，制度经济学在本质上就是一种关于制
度变革的理论。经济法律制度是需要不断随着经济形势的变
化而及时合理地发展变化的。合理的制度能够引导个人，促
进经济发展，但社会在不断发展变化着，因此经济法律制度

---

〔1〕 其他燃料比例为：煤炭 39%，天然气 49%，核能 11%。See Ryan
Wisera, Ole Langniss, "The Renewables Portfolio Standard in Texas: An Early Assess-
ment", 载 http://eetd. lbl. gov/EA/EMP/，最后访问时间：2009 年 12 月 10 日。

〔2〕 具体为：天然气 45.5%，煤 37.4%，核能 13.4%，风能 2.9%，水能
0.4%，其他 0.4%。See Christine Real de Azua, "The Future of Wind Energy", 14
Tul. Envtl. L. J. 2001, p. 485.

〔3〕 具体为：天然气 64.5%，煤 20.3%，核能 6.3%，风能 7.1%，水能
0.8%，其他 1.1%。See Christine Real de Azua, "The Future of Wind Energy", 14
Tul. Envtl. L. J. 2001, p. 485.

〔4〕 See Ryan Wisera, Ole Langniss, "The Renewables Portfolio Standard in
Texas: An Early Assessment", 载 http://eetd. lbl. gov/EA/EMP/，最后访问时间：
2009 年 12 月 10 日。

的及时合理变化是十分必要的，以适应个人合理自利的追求，为个人之间的合作创造有利条件。诺思指出，制度是促进经济发展和创造财富的保证，如果社会群体发现现有制度已不能促进发展，就应当酝酿建立新制度，否则，经济就会处于停滞状态。[1]制度本身源于人的自利行为的合作，当制度不能满足这一点时，制度就面临着变迁问题，制度变迁的实质是利益主体利益最大化的结果，是用一种制度安排去代替另一种制度安排[2]。

此外，任何政策都是为了解决一定的社会问题，因而政策作用的发挥及其结果都同社会利益关系的调整直接相关。它通过对社会利益结构的调整，让人们从自己的本身条件出发，从更多地分配社会物质利益的角度，重新规定和选择自己的社会行为。所以，政策的提出、决定到实施，是一个以政府为权威代表所进行的社会利益分配，它是一个利益选择的问题。而任何利益的再分配和选择都必然意味着触及现有社会利益格局，可能使一部分人获益，而另一部分人则不获益甚至还要失去既存的利益。也就是说，政策过程是一个利益权衡的过程。[3]

制度是不断变化的，在发展可再生能源过程中的制度变迁也是如此，我国在发展可再生能源的初期，由于技术、经

---

〔1〕 参见卢现祥主编：《新制度经济学》，武汉大学出版社2004年版，第152页。

〔2〕 徐强胜：《经济法和经济秩序的建构》，北京大学出版社2008年版，第84页。

〔3〕 徐强胜：《经济法和经济秩序的建构》，北京大学出版社2008年版，第116页。

济以及市场结构等原因，最终通过制定的《可再生能源法》
确立了通过固定电价制度来发展可再生能源。在可再生能源
发电领域实施固定电价补贴后，通过强制规定电网企业收购
可再生能源电力，从而为可再生能源电力上网扫清了障碍，
国家提供的电价补贴也为可再生能源发电提供了经济保障，
因而一定时期内我国可再生能源有了很快的发展。但随着国
内电力行业的效益整体下滑，以及通货膨胀等因素，煤炭、
油等燃料成本均有所增加，常规能源发电也随之涨价，但是
国家对可再生能源的固定电价补贴标准却往往跟不上形势的
发展，在可再生能源发电价格仍然保持原样的情况下，发电
企业往往就会面临亏损，这就打击了开发商和投资者的积极
性。在这种形势下，国家一方面可以对固定电价制度进行改
进，另一方面可以探索实施可再生能源配额制度来推动可再
生能源的发展。

第三节　企业的社会责任理论

一、企业社会责任的概念和起源

企业社会责任，英文一般译为"Corporate Social Respon-
sibility"。由于不同社会时期，企业在社会中的地位及人们对
其期望有所不同，对企业社会责任的内涵和外延的认识也随
之有些差别。学者谢尔顿（Oliver Sheldon）于 1924 年在其著
作《管理的哲学》（*The Philosophy of Management*）中最早对
企业的社会责任进行了初步描述。他认为企业社会责任要与

公司经营者满足产业内外各种人类需要的责任联系起来，并认为企业社会责任应将道德因素包括在内。[1] 被誉为"企业社会责任之父"的博文（Howard R. Bowen）在1953年出版了《商人的社会责任》一书，在该书中，博文对企业的社会责任做了比较全面的论述，他首先将企业社会责任定义为：商人按照社会的目标和价值，向有关政策靠拢、作出相应的决策、采取理想的具体行动的义务。[2] 1975年，学者凯思·代维斯（Keith Davis）和罗伯特·L. 布鲁斯特朗（Robert L. Blomstrom）在其发表的著作《经济与社会：环境与责任》中对企业社会责任内容作了更加明确的界定，即企业社会责任是指企业的决策制定者在促进自身利益的同时，具有采取措施保护和增进社会整体利益的义务。[3] 因此企业社会责任是个相对复杂的概念，不同的学者对企业社会责任的认识也有很大差别。

我国自开始进行市场经济体制改革以来，逐步实现了政企分开，企业开始有其自身的独立价值和意义。企业社会责任在我国一般被理解为，企业在为其自身存在和发展创造利润、对其所有人或股东承担法律责任的同时，还要担负其对员工、消费者、生态环境以及对整个社会的责任。它要求企业除了不断进行技术创新、改进自身管理以实现创造利润的目的外，还要求企业对其相关的群体和个人以及周围自然环

---

〔1〕 参见刘俊海：《公司的社会责任》，法律出版社1999年版，第2页。

〔2〕 Howard Bowen, *Social Responsibilities of the Businessman*, 1953, p. 31. 转引自刘俊海：《公司的社会责任》，法律出版社1999年版，第2页。

〔3〕 "企业社会责任"，载 http://baike.baidu.com/view/160938.htm，最后访问时间：2011年2月25日。

境进行关注和做出贡献，从而实现企业的长远发展。

二、企业社会责任的具体内容和实现形式

企业社会责任的具体内容，目前许多学者[1]根据自己的标准进行了归纳。一般来说，企业的社会责任主要包括以下几个部分：第一，企业要承担对企业成员的责任。人是社会中最根本的存在因素，企业也不例外，职工是企业发展的支撑力量，企业在实现自身发展的同时，要维护企业职工的劳动权和休息权，保护职工的健康，并给予其合理待遇。同时，尽力为员工创造促进其发展和提升的空间和平台，使其与企业共同成长。第二，企业要承担对国家的责任，广义上对全社会的责任。即企业要依法纳税，并承担国家为维护公共利益而规定的其他任务。第三，企业对消费者承担的责任。包括明礼诚信，确保所提供的产品货真价实，不侵害消费者应当享有的正当合法权益。第四，企业应承担节约资源的责任。建设节约型社会要求调动全社会的力量来共同推进我国的资源节约工作，以缓解我国能源紧缺的局势。企业作为社会物资生产的重要主体，更是推动资源节约的中坚力量，企业在生产运营过程中通过节约和循环利用资源，既降低了成本，也实现了对社会的贡献。第五，企业应承担保护生态环境的责任，即企业的绿色责任。随着工业化和现代化的推进，全球的环境保护形势越来越严峻，特别是大气、海洋、水、

---

[1] 参见黄晓鹏：《企业社会责任：理论与中国实践》，社会科学文献出版社 2010 年版；刘长喜：《企业社会责任与可持续发展研究：基于利益相关者和社会契约的视角》，上海财经大学出版社 2009 年版。

土壤等污染日益严重。森林、矿山和草地等公共资源被过度开发，自然界中的野生动植物面临的生存环境日益恶劣。我国正处在发展工业和经济转型时期，也面临着严重的环境污染问题，除了自然环境遭受破坏外，极端气候灾害时有发生，对人民的生命健康和财产造成了很大威胁。企业作为工业化和现代化的重要力量，理应承担起保护生态环境的责任。第六，企业应承担发展慈善事业和公益事业的责任。慈善事业和公益事业不是某个人或某个集团的事业，而是全社会的事业和责任，企业为了社会的发展，也为了自身的长远发展，应该勇于承担发展慈善事业和公益事业的责任。

企业社会责任的实现有些是通过企业自身自觉自愿的行为，如发展公益事业和慈善事业；但由于目前企业的自身体制不完善以及社会法制不健全，许多企业的社会责任类型需要借助国家强制力的推动来促使其实现，如企业照章纳税、对消费者的责任、对员工的责任等。

三、可再生能源配额制度是企业承担绿色责任的体现

在自然资源禀赋方面，我国是"富煤、贫油、少气"的国家，因此国内的能源企业大多数从事与传统资源的开发利用相关的运营。在对传统能源进行开发利用的过程中，由于受当前节能技术和环保技术的限制，往往会伴随着严重的环境污染，如大气污染、水污染、环境污染等。可再生能源是环境友好型能源，通过发展可再生能源配额制度来发展可再生能源，就是通过国家的强制力要求配额义务企业承担发展可再生能源的义务，从而推动这些企业实现其应当承担的保护环境的社会责任。

可再生能源配额制度的实体性内容

可再生能源配额制度虽然仅是发展可再生能源的一个具体制度，但是它涵盖了诸多的内容，既有实体性内容，也有程序性内容，其中实体性内容主要包括制度实施的目标、配额义务的主体，以及用于完成配额义务的可再生能源技术种类，在此将其归为配额制度的客体范畴。本章将从这三个方面进行论述。

第一节　总量目标制度

总量目标是一国或地区发展可再生能源所要达到的总目标，它是配额制度实施的前提条件。全球大多数国家无论是采纳固定电价制度还是配额制度以及招投标制度等制度形式来发展可再生能源，几乎都对发展可再生能源的目标或规划作了规定。对于实施可再生能源配额制度的国家或地区，总量目标更是该国家或地区发展可再生能源中必不可少的部分。

一、我国可再生能源发展总量目标制度

可再生能源总量目标制度是一个国家或者地区的政府用法律的形式对可再生能源的市场份额作出强制性的规定，即在总的能源消费或电力消费中必须有规定比例的能源或电力来自可再生能源。实施总量目标制度，就是明确公民开发利用可再生能源的责任和义务，为大规模开发利用可再生能源奠定目标基础。实施总量目标，应当和强制上网、费用分摊等制度相结合，最终是由全国的能源消费者分摊可再生能源开发利用的额外费用。

按照惯例，总量目标制度的内容主要包括：发展总量、具体时限、适用的技术种类，成本估算和发展的区域布局等。它包含两个基本要素：一个是总量目标，另一个是实现该目标的手段。前者是一个国家或者地区对未来一定时期可再生能源发展总量所作的一种强制性规定，是政府必须实现的发展目标；后者是实现该总量目标的一系列政策措施和保障机制。其中，关于总量目标的规定在整个可再生能源政策体系中处于较高层次，起着总揽全局的指示作用，而相关法律制度则只是实现该总量目标的工具。

总量目标的指标主要有两种：一是绝对量目标，例如，规定一定时期内可再生能源的发展总量，如多少标准煤、多少千瓦。这种指标计算方便、目标明确。二是相对量目标，即规定一定时期内可再生能源在整个能源构成中的比例。这种指标的计算要相对复杂一些，需要明确计算的范围即确定合格的可再生能源范围，除了考虑可再生能源发电外，还要

考虑可再生能源的热利用等。国外一般采用比例目标，而我国的惯例是定量目标，实际上两种形式的目标是一致的。

我国素来就有通过制定规划或发展目标的形式来引导国民经济或者重要行业的发展的惯例。由于能源具有影响国民经济命脉的重要地位和作用，更是受到各级政府部门的重视，并且在能源规划中逐渐开始对可再生能源的规划或发展目标进行规定。国家计委、国家科委、国家经贸委在1995年共同制定了《1996～2010年新能源和可再生能源发展纲要》，提出了"九五"以至2010年新能源和可再生能源的发展目标、任务以及相应的对策和措施，成为其后我国发展可再生能源的重要依据。之后我国就定期组织对可再生能源发展状况的调研，并制定可再生能源发展规划。2004年，国家首次把可再生能源总量目标列入了国家能源中长期战略规划，提出了"大力调整和优化能源结构，坚持以煤炭为主体、电力为中心、油气和新能源全面发展"的能源长期战略；提出了可再生能源发电装机容量（不含小水电）2010年达到1000万千瓦，2020年达到4500万千瓦的发展目标。之后根据《能源发展"十五"规划》、《能源发展"十一五"规划》、《能源发展"十二五"规划》又制定了《新能源和可再生能源产业"十五"规划》、《可再生能源发展"十一五"规划》、《可再生能源发展"十二五"规划》。

在法律、法规和行政规章方面，我国也具备了提出可再生能源总量目标的政策和法律框架基础。在国务院有关部门发布的《国家能源技术政策》、《当前国家重点鼓励发展的产业、产品和技术目录》、《关于进一步支持可再生能源发展有关问题的通知》、《并网风力发电的管理规定》等行政规章中，制定了鼓励开发利用可再生能源、实施强制上网和经济激励等方面的政策。1999年原国家计委和科技部在《关于进一步支持可再生能源发展有关问题的通知》中对这项政策再次加以确认。在规划和计划方面，我国是较早进行可再生能源规划的国家之一，曾经制定了《全国推广户用沼气规划》，在《农村电气化规划》中考虑了小水电规划和农村能源综合规划等。1996年原国家计委、国家科委和原国家经贸委联合制定了《2010年我国新能源和可再生能源发展纲要》。最近国家发展和改革委员会又完成了《全国可再生能源发展中长期规划》。国家各个"五年计划"以及原国家计委的"光明工程"、"乘风计划"，原国家经贸委的"双加工程"和国债项目，国家科技部的"科技攻关计划"和"'863'高科技计划"都包含可再生能源总量目标的内容。2005年的《可再生能源法》明确规定了可再生能源发展总量目标制度和相应的保障措施。该法第4条规定："国家将可再生能源的开发利用列为能源发展的优先领域，通过制定可再生能源开发利用总量目标和采取相应措施，推动可再生能源市场的建立和发展。"国家总量目标的实现需要各地方政府积极配合来完成。因此，该法第7条规定："国务院能源主管部门根据全国能源需求与可再生能源资源实际状况，制定全国可再生能源开发利用中长期总量目标，报国务院批准后执行，并予公布。国务院能源主管部门根据前款规定的总量目标和省、自治区、直辖市经济发展与可再生能源资源实际状况，会同省、自治区、直辖市人民政府确定各行政区域可再生能源开发利用中长期目标，并予公布。"2009年《可再生能源法》修订后，继续保留了关于可再生能源总量目标的规定。据此我国政府又制定了《可再生能源中长期发展规划》，在该规划中对可再生能源的发展目标作了具体规定，即"到 2010 年使可再生能源消费量达到能源消费总量的 10%，到 2020 年达到 15%"的总体发展目标；并规定了水电、生物质能、太阳能、风能等重点领域的具体发展目标。《可再生能源发展"十一五"规划》规定，"到 2010 年，可再生能源在能源消费中的比重达到 10%，全国可再生能源年利用量达到 3 亿吨标准煤。其中，水电总装机容量达到 1.9 亿千瓦，风电总装机容量达到 1000 万千瓦，生物质发电总装机容量达到 550 万千瓦，太阳能发电总装机容量达到 30 万千瓦。沼气年利用量达到 190 亿立方米，太阳能热水器总集热面积达到 1.5 亿平方米，增加非粮原料燃料乙醇年利用量 200 万吨，生物柴油年利用量达到 20 万吨。"《可再生能源发展"十二五"规划》规定，"到 2015 年全部可再生能源的年利用量达到 4.78 亿吨标准煤，其中商品化可再生能源年利用量 4 亿吨标准煤，在能源消费中的比重达到 9.5% 以上；可再生能源发电在电力体系中上升为重要电源。'十二五'时期，可再生能源新增发电装机 1.6 亿千瓦，其中常规水电 6100 万千瓦，风电 7000 万千瓦，太阳能发电 2000 万千瓦，生物质发电 750 万千瓦，到 2015 年可再生能源发电量争取达到总发电量的 20% 以上。"

我国许多省市地方也意识到规划对于可再生能源发展的作用和重要影响，并根据中央制定的可可再生能源总体目标，结合本地区的自然资源形势和技术发展水平等，制定了本地区的目标和规划，如甘肃省制定的《甘肃省可再生能源"十五"计划及 2010 年发展远景规划》，东莞市 2009 年 12 月印

发的《新能源与可再生能源产业发展专项规划（2009～
2020)》等。这些都是以国家的可再生能源发展目标为指导，
立足于本地区的资源情况和发展潜力而制定的。

二、国外可再生能源发展总量目标

在世界范围内，越来越多的国家对可再生能源发展的总
量目标作出规定，如 2005 年仅有 45 个国家规定了发展可再
生能源的总量目标，而到 2009 年，包括 27 个欧盟成员国在
内，全球已经有超过 85 个国家制定了本国的可再生能源政策
目标。截至 2010 年早期，超过 100 个国家有可再生能源的政
策目标或促进政策。[1] 2014 年年初，至少 144 个国家制定了
可再生能源发展目标，2013 年同期有 138 个国家制定可再生
能源目标。[2] 越来越多的城市、州和地区在个别行业或经济
领域努力实现所用能源 100% 来自于可再生能源，例如吉布
提、苏格兰和图瓦卢计划到 2020 年前实现所有发电均来自可
再生能源发电。在德国有两千万人所生活的地区的能源供应
全部来自于可再生能源。[3] 据统计，2014 年，被统计的 138
个国家中，有 114 个国家制定了国家层面目标，3 个国家制
定了地方层面的目标。这些制定目标的国家和地区中除了厄
瓜多尔、巴拿马、秘鲁、亚美尼亚没有可再生能源发展目标，

〔1〕 "Renewables 2010 Global Status Report", *Renewable Energy Policy Network for the 21st Century*, pp. 4, 11.

〔2〕 See Janet L. Sawin, Freyr Sverrisson, "Renewables 2014 Global Status Report", *Renewable Energy Policy Network for the 21st Century*, 6 June 2014, p. 14.

〔3〕 See Janet L. Sawin, Freyr Sverrisson, "Renewables 2014 Global Status Report", *Renewable Energy Policy Network for the 21st Century*, 6 June 2014, p. 14.

但均制定了固定价格补贴或溢价补贴外，其余无论是制定固
定价格补贴或溢价补贴的国家还是制定配额制度的国家，均
制定了发展可再生能源的目标。[1] 国外可再生能源的目标，
采取多种形式。虽然大多数继续专注于电力行业，但越来越
多的政府重视制定可再生能源加热、冷却和运输的目标。[2]
丹麦2013年禁止在新建筑内使用化石燃料锅炉，旨在实现到
2020年可再生能源热力供应占总热量供给40%的目标；2014
年年初，英国为居民消费者推出可再生能源热力激励政策；
在欧盟，至2019年所有新建筑必须实现零能源（所消耗能源
来自其自身生产能源）。在欧洲，大多数与可再生能源热利
用相关的目标集中在太阳热能。[3] 欧盟28个成员国已经推
出了可再生能源加热和冷却的特定比例的目标。此外，非洲、
欧洲几个国家以及中东也制定了使用太阳能热水的目标。总
体来说，全球至少有41个国家存在可再生能源加热和冷却的
目标，至少19个国家已经在国家或州/省级地方有可再生能
源热能利用的义务/任务，以推动可再生能源热能技术的
发展。[4]

---

〔1〕 See Janet L. Sawin, Freyr Sverrisson, "Renewables 2014 Global Status Report", *Renewable Energy Policy Network for the 21st Century*, 6 June 2014, pp. 89 ~ 91.

〔2〕 See Janet L. Sawin, Freyr Sverrisson, "Renewables 2014 Global Status Report", *Renewable Energy Policy Network for the 21st Century*, 6 June 2014, p. 75.

〔3〕 See Janet L. Sawin, Freyr Sverrisson, "Renewables 2014 Global Status Report", *Renewable Energy Policy Network for the 21st Century*, 6 June 2014, p. 28.

〔4〕 See Janet L. Sawin, Freyr Sverrisson, "Renewables 2014 Global Status Report", *Renewable Energy Policy Network for the 21st Century*, 6 June 2014, p. 83.

（一）总量目标的计算方式

一种是绝对量目标，直接规定可再生能源电力的产量，即电量目标，根据计算方式的不同分为发电装机容量和最终电力产量。例如，规定一定时期内可再生能源要达到多少标准煤或者多少千瓦的发展总量。这种指标计算方便、目标明确。

另一种是相对量目标，即比例目标，规定一定时期内可再生能源电力在总体电力生产领域中所要达到的比例，通常是从5%～30%不等，最少的达到2%，最高的达到90%；或是可再生能源在总体初级或最终能源供应中所占的比例，通常是10%到20%不等。[1]

无论是采用哪种目标计算方式，各国一般都规定该国发展可再生能源的总量目标逐年增加；并且最终都要量化为配额义务主体的年度产量（以发电厂为配额义务主体时）或年度购买量（以电力零售商为义务主体时）要求，并往往进而量化为对配额义务主体的绿色证书持有量要求。

（二）总量目标的时间期限

各国制定的总量目标在时间上往往是分阶段的，并逐渐推进。大多数国家往往规定总量目标的时间期限大约是2010年或2012年前，但是目前很多国家已经将时间推迟到2015年或2020年或2025年。[2] 如最早实施配额义务的国家中，

---

[1] Janet L. Sawin, Freyr Sverrisson, "Renewables 2014 Global Status Report", *Renewable Energy Policy Network for the 21st Century*, 6 June 2014, pp. 11, 35.

[2] Janet L. Sawin, Freyr Sverrisson, "Renewables 2014 Global Status Report", *Renewable Energy Policy Network for the 21st Century*, 6 June 2014, p. 40.

英国规定到 2003 年前可再生能源电力供应占到总体电力的
5%，2010 年前则要达到 10%；丹麦曾规定电力消费者所消
费的电力中，到 2003 年前，可再生能源电力比例达到 20%；
澳大利亚规定到 2010 年前可再生能源电力占到 12.5%；奥
地利规定电力消费者到 2005 年前可再生能源电力消费占到电
力总消费的 3%；比利时的弗兰德斯地区规定到 2004 年电力
供应商供应的可再生能源电力占到总电力供应的 3%，瓦隆
地区则规定 2010 年前可再生能源电力占到总电力供应的
8%；意大利规定可再生能源到 2010 年前达到 8.5%，2020
年前达到 17%。[1]

　　发达国家中新制定了可再生能源总量目标的有澳大利亚
（到 2020 年前占到电力中的 20%）、爱尔兰（到 2020 年前海
洋发电达到 500MW）和韩国（到 2030 年前达到一次能源
的 11%）。[2]

　　（三）总量目标的国别分析

　　2014 年，在制定可再生能源目标（Renewable Energy
Targets）的国家中，高收入国家有 32 个国家仍然适用以往
的国家级目标，2 个地方仍适用以往的目标，俄国新制定了
国家目标，有 5 个国家修改了以往的目标，1 个地方修改了
以往的目标；中等偏上收入国家中有 29 个国家仍然适用以往
的国家级目标，阿塞拜疆和哈萨克斯坦新制定了国家目标，

---

　　〔1〕 Jan Hamrin, PHD, Meredith Wingate, "Developing a Framework for Trad-
able Renewable Certificates", May 29, 2002.

　　〔2〕 "Renewables 2010 Global Status Report", *Renewable Energy Policy Net-
work for the 21st Century*, p. 35.

有3个国家修改了以往的目标；中等偏下收入国家中有23个国家仍然适用以往的国家级目标，有2个国家修改了以往的目标；低收入国家中有17个国家仍然适用以往的国家级目标。[1]

1. 国家层面的可再生能源发展总量目标

2013年至少有6个国家制定了新的可再生能源目标，阿塞拜疆批准可再生能源占一次能源9.7%和2020年占总发电量20%的目标；不丹计划到2025年实现可再生能源发电装机容量达到20MW的目标；哈萨克斯坦计划到2014年可再生能源发电占总发电量的1%，到2020年达到3%；肯尼亚计划到2016年将可再生能源发电装机容量从2013年末的1660MW扩大至5000MW，其中包括794MW的水电容量、1887MW的地热能、635MW的风能和423MW的太阳能光伏；卡塔尔计划到2020年可再生能源发电占到总发电的2%；俄罗斯计划到2020年实现约6GW的太阳能、风能和小水电装机容量。[2]

在欧洲，葡萄牙颁布了一系列针对不同可再生能源技术的具体目标，具体是到2020年实现769MW的固体生物质发电、59MW的沼气发电、29MW地热发电、400MW的小水电、6MW波浪能、670MW的太阳能光伏发电、5273MW的陆上风力发电和27MW海上风电。英国设定了一个目标，到

---

〔1〕 See Janet L. Sawin, Freyr Sverrisson, "Renewables 2014 Global Status Report", *Renewable Energy Policy Network for the 21st Century*, 6 June 2014, pp. 89 ~ 91.

〔2〕 See Janet L. Sawin, Freyr Sverrisson, "Renewables 2014 Global Status Report", *Renewable Energy Policy Network for the 21st Century*, 6 June 2014, p. 76.

2030 年开发 39 GW 的海上风电装机容量。[1] 乌拉圭的目标是到 2015 年有 90% 的电力来自于可再生能源发电,而格林纳达的目标则是到 2020 年有 20% 的能源供应来自可再生能源。[2]

1998 年 2 月,荷兰政府通过与荷兰电力协会协商确立了在该国实施基于消费者自愿选择的配额制度。荷兰电力协会代表了所有电力公司的利益。双方协议达成的文件中就有荷兰可再生能源的生产目标,即到 2000 年可再生能源发电应占到荷兰国内总电量消费的 3%,大约有 17 亿 KWh。[3]

美国通过立法确立了国家发展可再生能源的总体目标,如《2005 年国家能源政策法》中规定到 2013 年可再生能源电力应占到美国政府电力消费的 7.5%。此外,为了逐步提高可再生能源电力在美国电力中的使用比例,美国能源部还分别制定了风电、太阳能发电以及生物质能发电的发展规划等。其中到 2020 年,美国国内太阳能光伏发电预计累计装机容量达到 3600 万千瓦,占全国发电装机总增量的 15% 左右。[4]

《欧洲议会和欧盟理事会关于促进在国内电力市场中可再生能源电力的 2001/77/EC 指令》对欧盟成员国提出了发

〔1〕 See Janet L. Sawin, Freyr Sverrisson, "Renewables 2014 Global Status Report", *Renewable Energy Policy Network for the 21st Century*, 6 June 2014, p. 76.

〔2〕 See Janet L. Sawin, Freyr Sverrisson, "Renewables 2014 Global Status Report", *Renewable Energy Policy Network for the 21st Century*, 6 June 2014, p. 24.

〔3〕 徐刚:"可再生能源强制性市场份额政策研究概况",载《四川水力发电》2005 年第 S1 期。

〔4〕 "各国可再生能源发展目标",载 http://www.ndrc.gov.cn/nyjt/gjdt/t20061221_101942.htm,最后访问时间:2006 年 12 月 21 日。

展可再生能源的目标要求，即到 2010 年可再生能源占到欧盟
国家总能耗的 12%，特别是可再生能源电力份额占欧盟电力
消耗的 22.1%；到 2050 年可再生能源在欧盟能源供应结构
中将达到 50%。[1] 2007 年年初，欧盟又提出了新的可再生能
源发展目标，即到 2020 年，欧盟成员国的可再生能源消费量
要占到全部能源消费的 20%，可再生能源发电量占到全部发
电量的 30%。[2]

英国为了保证其国内的能源供应安全，实现其所承诺的
到 2050 年前二氧化碳减排 60% 的目标，通过 2002 年正式实
施的《可再生能源义务法令》和《可再生能源（苏格兰）法
令》确立了可再生能源义务制度（Renewable Obligation），实
质上相当于配额制度。在法令中，英国规定在 2003 年前，可
再生能源电力占到总体电力消费的比例要达到 3%；以后逐
年增加，2004 年的比例是 4.3%，到 2010～2011 年，这一比
例将达到 10.4%。最终实现到 2020 年前可再生能源电力占
到总体电力消费 20% 的目标。为了以更灵活的方式实现英国
的可再生能源发展总体目标，《可再生能源义务法令》还规
定了可再生能源电力的比例由政府每年根据发展目标和可再
生能源实际发展情况和市场情况进行调整和确定。[3]

1999 年意大利《电力法》要求发电商所发的可再生能源
发电量要占到上一年度所发总体电力的 2%，并且逐年增加。

---

〔1〕 Janet L. Sawin, Freyr Sverrisson, "Renewables 2014 Global Status Re-
port", *Renewable Energy Policy Network for the 21st Century*, 6 June 2014, p. 11.

〔2〕 参见我国《可再生能源中长期发展规划》。

〔3〕 时璟丽、李俊峰："英国可再生能源义务法令介绍及实施效果分析"，
载《中国能源》2004 年第 11 期。

2003 年《发展国内可再生能源电力市场法令》（又称 387/03
法令）第 4 条规定，从 2004 年到 2006 年，输入到国家电网
内的可再生能源电力的数量逐年增加 0.35%。该国经济发展
部又设定了 2007～2009 年及 2010～2012 年逐渐增加的强制
性配额义务；[1] 2008 年意大利《预算法》规定，2007 年至
2012 年间这个比例将逐年增加 0.75%。[2]

波兰《配额义务条例》（Quota Obligation Ordinance）规
定，配电公司有义务从 2001 年到 2010 年每年购买一定数量
的来自可再生能源的电力，并且可再生能源电力占配电公司
每年所卖电力的比例应该不少于 2002 年的 2.5%、2003 年的
2.65%、2004 年的 2.85%，一直到 2010 年的 7.5%。[3]

日本从 1993 年开始实施"新阳光计划"，以加快太阳能
光伏电池、燃料电池、氢能及地热能等的开发利用。其发展
可再生能源的总量目标规定，从 2003 年的 7.32TWh[4] 起，
每一财政年度可再生能源电量要逐年增加，至 2014 年达到

〔1〕 Daniele Pilla, Italy, "Renewable Energy—The Promotion of Electricity
from Renewable Energy Sources", *I. E. L. T. R*, 10 (2007), pp. 211～215.

〔2〕 Gabriele Bernascone, "Promotion of Renewable Energy Sources in Italy",
Euro. Law, 78 (2008), p. 30.

〔3〕 Diana Urge - Vorsatz and Silvia Rezessy, "The Wrong Roads Taken? Pro-
moting Renewable Power in Central Europe", *in Suresh P. Prabhu*, *Green Power Mar-
kets*: *Support Schemes*, *Case Studies and Perspectives* (Volume Ⅱ), Multi - Science
Publishing Co. , Ltd. , 2007, pp. 363～392.

〔4〕 TWh（太瓦时），GWh（吉瓦时），MWh（兆瓦时），KWh（千瓦时）
均为表示电量的单位。其中，"KWh（千瓦时）"是最基本的电量单位，也就是
日常生活中所称的"度"。这些电量单位之间的换算可表示为：1TWh =
1000GWh = 1 000 000MWh = 1 000 000 000KWh。

16TWh 的电力零售目标。[1] 2003 年 4 月开始实施的《日本电力事业者新能源利用特别措施法》（又称《可再生能源配额标准法》）对日本的可再生能源发展目标进行了规定，即到 2010 年可再生能源发电总量要达到 122 亿 KWh，占总电力供应的 1.35％；其中新能源发电量为 115 亿 KWh，中小水电及其他为 7 亿 KWh。[2]

1999 年 11 月，澳大利亚公布适用于全国范围的可再生能源发展目标，即从 2000 年开始实施，到 2010 年可再生能源发电量应增加到 25 500GWh，相当于全国总发电量的 12.5％。该政策计划在全国范围内实施，要求所有的州和地区的电力零售商和批发商都应按比例执行这个措施。[3] 后该国又对总量目标进行了修订，即到 2020 年前可再生能源电力要占到总电力消费量的 20％。

此外，越来越多的发展中国家有发展目标，到 2010 年早期已经有 45 个发展中国家有可再生能源发展目标。[4] 发展中国家的计划同样反映出了日益增强的发展可再生能源的决心。印度规定到 2012 年新增 12.5GW 的可再生能源发电（包

---

〔1〕 Utility Quota Obligation, (RPS Japan; Japan for Sustainability), *Renewable Energy Policy Network for the 21st Century*.

〔2〕 何建坤主编：《国外可再生能源法律译编》，人民法院出版社 2004 年版，第 203 页。转引自姜南："可再生能源配额制研究"，山东大学 2007 年硕士学位论文。

〔3〕 参见陈和平、李京京和周篁："可再生能源发电配额制政策的国际实施经验"，载《中国能源》2000 年第 7 期。转引自姜南："可再生能源配额制研究"，山东大学 2007 年硕士学位论文。

〔4〕 Janet L. Sawin, Freyr Sverrisson, "Renewables 2014 Global Status Report", *Renewable Energy Policy Network for the 21st Century*, 6 June 2014, p. 35.

括风电、小水电和生物质发电）；2009 年印度又制定了到
2013 年太阳能发电达到 1GW，到 2022 年达到 20GW 的目标
（包括离网太阳能光伏到 2017 年达到 1GW）。巴西计划一直
到 2030 年都保持或新增可再生能源在总体能源中占到 48%
和在电力中占到 85% 的比例。菲律宾的国家计划要求在 2003
年至 2013 年间新的可再生能源产量达到 4.5GW。埃及计划
到 2020 年前可再生能源在电力中占到 20%，其中有 12% 来
自风电。肯尼亚计划到 2030 年地热能达到 4GW。在 2009 年
制定新的可再生能源发展目标或规划的发展中国家有加纳、
埃塞俄比亚、约旦、科威特、摩洛哥和图瓦卢[1]印度 2013
年宣布计划将其可再生能源装机容量从 2012 年的 25GW 提高
到 2017 年的 55GW。泰国增加其现有的从固体生物质发电、
农业废弃物、太阳能、风力发电的目标，并计划到 2021 年可
再生能源消费在最终能源消费的比例达到 25%。在短期内，
泰国计划到 2014 年年底新增 1GW 的太阳能光伏发电。瓦努
阿图计划到 2014 年年底实现可再生能源发电占 23% 的目标，
2015 年占 40%，2020 年占 65%。[2]

2. 地区层面的可再生能源发展目标

除了国家层面的目标外，国家以下层面的目标也在一些
国家中广泛存在，如州、省、地区、城市或其他层次的目标。
在美国，有 36 个州（包括哥伦比亚地区）拥有基于可再生

---

〔1〕 Janet L. Sawin, Freyr Sverrisson, "Renewables 2014 Global Status Report", *Renewable Energy Policy Network for the 21st Century*, 6 June 2014, pp. 36, 11.

〔2〕 See Janet L. Sawin, Freyr Sverrisson, "Renewables 2014 Global Status Report", *Renewable Energy Policy Network for the 21st Century*, 6 June 2014, p. 76.

能源配额制的政策或政策目标。其中，美国德克萨斯州的可再生能源总量目标是按照装机量来计算的[1]，并以义务主体在电力市场中出售电力所占的份额比例为标准进行分配。2005 年修改后的德克萨斯州《公用事业法》进一步提高了2009 年以后的可再生能源发展目标。2014 年，美国加利福尼亚州建立新的标准，即在实现可再生能源配额制度规定的33%的基础上再额外开发 600MW 的可再生能源装机容量，使小消费者能够从他们的供电公司购买高达 100%的可再生电力。在美国马萨诸塞州，在实现了四年前的 250MW 目标之后，计划到 2020 年太阳能光伏发电能力达到 1.6GW；明尼苏达州计划到 2030 年州太阳能发电达到总发电量 10%的目标。[2]

加拿大有 9 个省也制定了一定形式的本地区发展可再生能源的目标。印度有 8 个邦也制定了可再生能源发展目标。最近新制定可再生能源发展目标的有印度的卡纳卡特邦，其规定到 2015 年前可再生能源电力达到 6GW 的发展目标。其他国家层面以下拥有电力目标的地区有阿布扎比（2020 年前

---

〔1〕 美国只有德克萨斯州和爱荷华州按照装机容量来完成配额要求，计量单位为兆瓦（MW），其他州一般以发电量来计算，计量单位为千瓦时（KWh），参见 Fred Sissine, CRS Report for Congress, "Renewable Energy Portfolio Standard (RPS)：Background and Debate Over a National Requirement", September 6, 2007. 但也有学者认为明尼苏达州也是按照装机容量来完成配额要求的，参见 Benjamin K. Sovacool, Christopher Cooper, "Congress Got It Wrong：The Case for A National Renewable Portfolio Standard and Implications for Policy", *Environmental & Energy Law & Policy Journal*, 3（2008），p. 85.

〔2〕 See Janet L. Sawin, Freyr Sverrisson, "Renewables 2014 Global Status Report", *Renewable Energy Policy Network for the 21st Century*, 6 June 2014, p. 76.

达到 7%）、苏格兰（2020 年前达到 50%）、南澳大利亚
（2020 年前达到 33%）、台湾（2010 年前达到 10%）、威尔
士（2020 年前达到 7TWh）。另外，4 个美国州修改了已有的
配额目标：加利福尼亚州将原有的到 2010 年前达到 20% 的
强制性目标修改为到 2020 年前达到 33%；科罗拉多州将配
额目标增加为到 2020 年前达到 30%；缅因州增加了对以社
区为基础的项目的激励措施；内华达州将其现有的配额目标
扩展为到 2025 年前达到 25%。美国许多州的配额政策越来
越强调太阳能光伏，并且有 11 个州以各种方式修改了他们的
配额政策，其中有 7 个州增加了对太阳能光伏的新规定。[1]

此外，在区域层面，加勒比共同体（CARICOM）秘书处
对其 15 个成员国采用跨国家的目标，呼吁区域可再生能源发
电 2017 年占到 20%，2022 年占到 28%，2027 年占到 47%。
欧盟和西非国家经济共同体也有跨国家的目标。[2]

三、我国可再生能源发展总量目标存在的问题及建议

（一）我国可再生能源总量目标存在的问题

虽然我国已经制定了相应的可再生能源发展目标，但是
通过分析国外的总量目标规定，我国目前关于可再生能源发
展目标方面还有一些问题需要改善：

第一，就国家层面的总量目标而言，除了提出可再生能

---

〔1〕 Janet L. Sawin, Freyr Sverrisson, "Renewables 2014 Global Status Re-
port", *Renewable Energy Policy Network for the 21st Century*, 6 June 2014, pp. 37,
40.

〔2〕 See Janet L. Sawin, Freyr Sverrisson, "Renewables 2014 Global Status Re-
port", *Renewable Energy Policy Network for the 21st Century*, 6 June 2014, p. 76.

源在国家总体能源消费中的比例外，对于具体的可再生能源技术形式，主要还是以装机容量来计算的，无须跟踪发电量。这样虽然计量比较方便，操作性低，但实践中这种方式不能保证可再生能源发电企业安装设施后能生产出足够的电量，因而往往造成计量的难度，欠缺准确性。此外，可再生能源资源受外界因素如气候、水文等影响很大，比如风电，同样装机容量的实际年度发电量可能差异悬殊，所以装机容量仅能作为一种参考性目标，最终还是要通过年发电量来看政策执行的效果，看是否达到了规定的目标要求。因此尽量在总量目标或规划中对发电量作出相对明确的要求，以发电量作为最终目标完成的考核方式。

第二，我国已经制定的可再生能源发展目标，还相对笼统，没有对每一年份或财政年度要达到的可再生能源发展目标作出规定或者提出发展要求，而将这种任务甩给了具体的行政主管部门，这就增加了可再生能源管理部门的行政难度。

第三，我国虽然有不少地方已经制定了可再生能源发展的总量目标或发展规划，但是全国还有很多地方没有制定，或者至少没有公开该地区的可再生能源发展目标或规划。因而可再生能源投资者无法对该地区发展可再生能源的形势和政策作出明确判断，这就打击和限制了社会力量投资可再生能源的积极性，不利于资源丰富地区发展本地区的可再生能源。

（二）完善我国可再生能源总量目标的建议

为了解决我国可再生能源总量目标中存在的问题，借鉴国外制定可再生能源发展目标的经验，我国今后在制定可再生能源"十二五"发展规划或其他可再生能源长远规划时，笔者建议从以下几个方面进行完善：

1. 国家目标与地区目标相结合

在制定可再生能源总体的发展目标后，除了规定不同的技术类别的目标，还要对不同地区的发展目标作出规定，明确规定各地方政府或者可再生能源集中区域要制定本地区的发展目标，并对社会公开。这样不仅明确了地方政府发展可再生能源的责任，增强其发展可再生能源的动力，同时也为可再生能源开发商和投资者提供一个明确的预期，为调动社会各界力量参与或投资可再生能源打下基础，从而加快该地区可再生能源的开发。

2. 规定年度发展目标或发展比例

为了增强可操作性，在总量目标中不仅要规定一定时期内所要达到的目标，最好规定发展可再生能源的年度递进的目标，为可再生能源开发商和投资者提供一个更明确的发展预期，也增强了行政主管部门或领导者的责任意识，督促其按期完成发展可再生能源的目标任务。

3. 增强目标的准确性

为了使总量目标更好地起到发展可再生能源的目的，应在总量目标中采用便于计算和更能真实反映发电情况的计量单位，最好以发电量作为计量单位，或者，即便是以装机容量为计量单位，在目标的分配过程中，也应将各个配额义务主体的配额任务通过合适的系数转换成发电量。

4. 制定目标时综合多种因素

总量目标关系着可再生能源发展的全局，因此在制定总量目标时应该全面考虑各种因素。其中最主要的应该将如下因素考虑在内：一是要考虑我国各地区的自然资源禀赋情况；

二是各种可再生能源技术的现有发展水平和将来的发展潜力；三是发展可再生能源的经济社会条件及当地居民的态度等制约条件。在具体制定时，应组织可再生能源相关领域的专家进行深入调研和论证，必要时可以组织社会听证，一方面可以听取社会各界的意见和建议；另一方面可以通过这种方式对公民开展可再生能源的普及教育，为可再生能源配额制度的推行奠定群众基础。

第二节　可再生能源配额制度的义务主体

主体性要素对于可再生能源配额制度的顺利实施起着关键性作用。确定由可再生能源发电产业链中的哪一类群体作为义务主体，不仅要考虑到一国的电力体制，还要考虑到制度执行的便利性、公众的接受程度以及可再生能源发电市场的成熟程度等。本节首先对国外可再生能源配额制度实施中的义务主体进行介绍，进而提出将来我国实施可再生能源配额制度时的义务主体建议。

一、电力市场主体介绍

电力生产总体上分为三个环节：发电环节、输电环节和供电环节，之后即进入电力消费环节。相应地，电力市场的参与主体也就分为发电商、输电商、供电商（分为批发商和零售商）和消费者。发电商在电力市场上承担生产电力的职能，是将一次能源转换成电力，并向后续的输电、供电企业以及大用户提供电力的企业。使用常规能源进行发电的发电商必须具备锅炉、汽轮机、发电机，也就是常说的发电"三大件"。输电商，在我国也称为电网企业，在电力市场上主要负责将电力输送到远距离的电力负荷中心地区，其完成这一职能主要依靠输电网络，即高压输电线。供电商也称为售电商（在我国称为供电局）是各个用电中心专门负责售电的企业，其主要载体是城市、农村的供电网络。

二、国外可再生能源配额制度的义务主体

荷兰最初考虑将发电商作为可再生能源配额制度中的义务主体。1998 年荷兰《电力法》（1998 Electricity Act）开始规定对消费者实施配额义务，这种义务是基于消费者自愿承担的配额义务。

美国的德克萨斯州 1995 年通过立法确立了电力批发市场的自由竞争，1999 年制定的《公用事业监管法》在规定开展电力零售市场自由竞争的同时确立配额制政策，其中就规定以电力零售商或消费者为义务人。德克萨斯州的电力零售商所供应的电量占德克萨斯州总体供应电量的 80%，此外德克萨斯州的市政公用事业单位或电力合作组织也负有完成配额的义务。

澳大利亚在 2010 年新修订的三部有关可再生能源的法律中规定了该国配额制中的义务主体是购买电力的批发商和零售商，其中主要是电力批发购买商。

英国 2000 年 4 月制定的《可再生能源义务法令》中规定了由供电商来承担配额义务，即在其提供的电力中，必须

有一定比例的可再生能源电力;[1] 此外，2006 年英国《气候变化和可持续能源法》（Climate Change and Sustainable Energy Act）对可再生能源义务作了一些调整，允许几个厂商联合，共同完成配额义务。

意大利则是电力生产商和进口商，并对发电商的最小规模作出规定。[2]

从国外的经验来看，除了荷兰将消费者作为配额义务（非强制性的）的主体外，配额义务的承担主体主要是发电商、电力零售商，没有发现以输电商作为配额义务承担主体的国家。大多数国家一般选择这些主体中的一个或多个作为义务主体。以电力零售商为配额义务的承担主体和以电力消费者为配额义务的承担主体实质是一样的，电力零售商不过是代小用户履行义务，其实施成本最终还要转嫁到消费者身上，而且国外以电力零售商为义务主体的国家一般并不免除向电厂直接购电的大用户和自己发电用户所承担的配额义务。以电力零售商或电力消费者作为配额义务主体的优点是义务主体的范围更加广泛，承担配额义务的主体间重叠的可能性比较小，但是以电力零售商为配额义务主体的前提是该国家或地区的电力零售市场的竞争格局已经形成，如美国德克萨斯州的义务主体。

以电力生产商为配额义务主体的国家，主要是基于操作

〔1〕 时璟丽、李俊峰："英国可再生能源义务法令介绍及实施效果分析"，载《中国能源》2004 年第 11 期。
〔2〕 李家才、陈工："国际经验与中国可再生能源配额制（RPS）设计"，载《太平洋学报》2008 年第 10 期。

便利性的考虑，因为电力生产商很容易识别，计量比较方便，且能够将并网生产商和离网生产商一并纳入。为了进一步提高政策操作的便利性，通常规定装机容量达到一定规模的电厂才承担配额义务。

三、我国可再生能源配额制度的主体选择建议

我国的电力市场有自己的特殊国情。1985 年以后，我国开始进行电力工业体制改革，逐渐开始打破电力工业的垂直垄断管理体制，推动政企分开，并加快实行多元化的电力工业投资主体。1996 年撤销电力工业部，其行政管理职能移交给国家经贸委（目前改名为发改委），行业管理职能则移交给中国电力企业联合会，并成立国家电力公司来承担其电力国有资产经营职能和企业经营管理职能。因此在中央层面上已经实现电力行业的政企分开。但国家电力公司仍然保持"厂网合一"，即发电企业与输配电企业合二为一。2002 年的电力工业改革的重点就是打破电力垄断，促成"厂网分离"，实现发电环节的自由竞争，同时将输配电企业即电网企业拆分为多家企业，这在一定程度上推动了电力行业的竞争，但是就参与竞争的企业数量、运营等方面来看，竞争还不充分。[1]

那么，如果将来我国实行配额制，应确立由谁来完成配额义务呢？也就是说，将发展可再生能源的任务额度配给谁呢？由于考虑到自身利益，发电厂、电网等业界各有自己的看法，而我国开展配额制度研究的学者也是仁者见仁、智者

---

〔1〕 关于我国电力工业市场化改革的资料，可参见史丹等：《中国能源工业市场化改革研究报告》，经济管理出版社 2006 年版。

见智。有学者认为,应将各省区电网公司作为可再生能源发电配额任务的主要承担者;[1] 还有学者则考虑的范围更加宽广,建议把化石能源发电公司、电网企业和大的石油企业等作为义务承担者;[2] 有的学者认为应将火电厂作为配额义务主体。[3]

虽然我国正在继续深化电力体制改革来推动输配电和供电的分离。但目前来看,我国电力零售商仍局限为各地、县级市设立的当地唯一的供电公司,而且它们绝大部分由国家电网公司、南方电网公司等电网企业直供直属。如果确定以供电公司为配额制义务人,会面临以下难题:首先,由于可再生能源电力的生产成本目前还是高于传统能源生产的电力,那么供电公司会提高零售电力价格,将成本转嫁到广大的电力消费者头上,不利于提高可再生能源电力的技术水平,进而无法推动可再生能源的发展;如果国家限制其零售电力价格,其必然运用垄断优势压制可再生能源电力或其证书的价格,从而挫伤电厂生产可再生能源电力的积极性,最终供电公司会借口可再生能源电力或绿色证书不足而逃避义务。其次,由于目前供电公司一定程度上仍然从属于电网企业,因此在完不成配额义务时,其不是完全的责任主体,承担责任的能力明显不足。因此,中国在电力销售市场未实现完全竞

---

〔1〕 王白羽:"可再生能源配额制(RPS)在中国应用探讨",载《中国能源》2004 年第 4 期。

〔2〕 任东明:"关于引入可再生能源配额制若干问题的讨论",载《中国能源》2007 年第 11 期。

〔3〕 李家才、陈工:"国际经验与中国可再生能源配额制(RPS)设计",载《太平洋学报》2008 年第 10 期。

争即输配电与供电未分离前，不应将供电公司即供电商作为配额制义务主体。

目前我国的输配电企业即电网公司仍是以省为管理实体的管理模式，电网企业既不具备电网项目审批权也不具备电价核定权，各省能源主管部门在各省年度发电计划和中长期电力发展规划中仍然占据着主导地位，为了避免地方保护主义，应以省政府为责任主体，由其对本地区可再生能源发电的配额指标完成情况承担一定的行政责任。

理论上讲，我国 2009 年修订的《可再生能源法》中规定的全额保障性收购制度，已经对电网企业规定了全额保障性收购可再生能源电力的任务。将来实施可再生能源配额制度时，如果再规定由电网企业承担配额指标，势必与全额保障性收购重合，没有充分体现制度的价值。因此从这个角度来看电网企业不宜作为配额义务的承担者，而最好将其作为保障配额义务履行的主体。

但从我国目前可再生能源发电市场的实际情况考虑，我国目前可再生能源发电量有了很大的进步，制约可再生能源发电的因素已经不是发电端的问题，而是上网难的问题，也就是说，可再生能源电力无法实现上网，那么就无法将电力远程输送到需电端，这就限制了可再生能源的发电规模，从而打击了可再生能源发电商或投资者的开发和投资热情。之所以出现上网难局面，一方面是由于可再生能源电力的不稳定性、季节性以及间断性等固有的发电特性导致，使电网企业运输可再生能源电力要花费更高的成本；另一方面，目前的可再生能源电力入网技术水平还确实有待提高，由于国家的资金支持力度有限，电网企业往往缺乏对入网技术的研发和创新，从而制约了可再生能源的及时充分入网。我国发展可再生能源配额制度的目的就是强制性地要求义务主体来发展可再生能源，保障实现我国制定的可再生能源发展总量目标。鉴于目前可再生能源发电入网困难的问题已经严重制约了我国可再生能源的发展，可以考虑将电网企业作为配额义务主体，强制其接纳可再生能源发电入网的数量或比例。

综上所述，实行竞价上网和投资主体多元化以来，我国发电市场基本上实现了相对充分的竞争，因此首先确定发电企业作为配额制度中的义务主体是比较合适的。有学者认为应将发电企业中的燃煤电厂作为义务人，以逐步降低煤电比例。笔者认为这种考虑的出发点是好的，而且会起到降低煤电比例、改善电力结构的作用，但是从长远来看，为了加大对可再生能源的开发力度，应将包括煤电企业、燃油电厂等在内的所有发电企业考虑在内。[1] 其次，还应该将电网企业作为配额义务的主体，以更好地保障我国目前的可再生能源发电顺利入网。最后，为加强地方的积极性，增强地方领导的责任意识，应以省级政府为责任主体，由其督促各省级电网经营企业对各发电企业所发电力进行收购，辅助发电企业完成配额义务。

---

〔1〕 李家才、陈工：“国际经验与中国可再生能源配额制（RPS）设计”，载《太平洋学报》2008 年第 10 期。

第三节　可再生能源配额制度的客体

可再生能源配额制度的客体就是确定将哪些可再生能源技术形式纳入配额义务的实施范围。可再生能源种类繁多且有多种开发形式，如用来发电、生物液体燃料等，为了制度实施过程中的便利性，降低制度成本，有必要对可以纳入制度范围的可再生能源技术类别作出限定。

一、国外配额制度中的可再生能源技术种类

实施可再生能源配额制度的国家都对适用的可再生能源技术种类作了规定。一般来说，纳入配额制度实施范围的可再生能源种类应限于那些技术相对成熟、经济前景乐观、环境和社会效益比较显著并需要国家大力扶持的技术种类。各国一般根据本国的政治经济目标和自然资源条件决定哪些可再生能源以及开发形式可纳入配额制度的实施范围。

（一）可再生能源技术种类及开发形式

大多数国家对完成配额任务的可再生能源种类没有限制，即太阳能、风能、地热能、水电、潮汐能、生物质能和垃圾填埋气等都可以用来完成配额义务。美国的德克萨斯州纳入配额制度的可再生能源种类为太阳能、风能、地热、水电、潮汐能、生物质能、生物废弃物和填埋气体。新泽西州则将可再生能源种类分为两类，第一类为太阳能、光电、风力、燃料电池、地热、海浪或潮汐、煤气和沼气，只要沼气的开采和收集是可持续的；第二类为小于 30MW 的水力和达到最

高环境标准的利用废物发电设施，并且这两类资源必须来自州内，并进行公开的零售竞争。澳大利亚规定的可再生能源技术种类比较广泛，包括太阳能、风能、海洋能、水力、地热、生物质（沼气等）、农作物副产品、林业产品副产品、食品加工和加工工业的副产品、污水、城市垃圾、太阳能热水系统、可再生能源独立电力供应系统（RAPS）、使用可再生燃料的燃料电池。

英国于 2000 年 4 月制定的《可再生能源义务法令》将可再生能源技术种类限定为风电、波浪发电、水电、潮汐发电、光伏发电（每月发电量至少达到 0.5MWh）、地热发电、沼气发电和生物质发电等。[1]

对于水电和生物质发电是否纳入可再生能源配额制度的适用范围，一些国家的处理方式不同，甚至一个国家内的不同地区做法也不同。意大利则排除水电、生物质能发电。荷兰排除水电和部分生物质发电项目。丹麦将小生物质能和装机规模大于 10MW 的水电排除在外。瑞典排除装机容量在 10MW 以上的水电和生物质发电。英国排除装机容量大于 20MW 的水电和部分生物质发电。美国各州的处理也很不一样：德克萨斯州规定只有新建水电才有资格；威斯康星州规定只有 60MW 以下的水电才有资格；而内华达州则将水电完全排除在外。[2]

---

〔1〕 时璟丽、李俊峰：“英国可再生能源义务法令介绍及实施效果分析”，载《中国能源》2004 年第 11 期。

〔2〕 王白羽：“可再生能源配额制（RPS）在中国应用探讨”，载《中国能源》2004 年第 4 期。

鉴于不同可再生能源技术的市场成熟度和技术难度不同，一些国家对不同的可再生能源技术在配额制度中实行不同的政策，如澳大利亚分为普通可再生能源发电、太阳能热水器和小发电机组，这三类技术在认证条件和绿色证书上都有所不同。

对于可再生能源的开发利用形式，可再生能源用于发电比较普遍，而且也便于统计和结算，因此实施配额制的国家几乎无一例外的将可再生能源发电作为实施配额制度的主要形式。为了更便于政策的执行，降低执行成本，有些国家规定只有能并网的电力才能纳入配额制度的范围，而规模小、分布广泛且产量不容易核实的离网发电则被拒之门外，如丹麦、意大利和英国仅限于可再生能源发电，其中丹麦和意大利仅限于能并网的可再生能源电力[1]；而有的国家除了发电外还将可再生能源热利用、生物液体燃料也纳入配额制度的范围，如澳大利亚将太阳能热水器也同样适用于配额制度，颁发绿色证书。

（二）其他限制性规定

除了在可再生能源技术上有些差别外，许多国家还施加了技术之外的一些限制：一是为了保护本国的可再生能源产业而施加的地域限制，即完全或部分地排斥国外所发的来自可再生能源的电力；二是为了加快对可再生能源的开发利用而施加的时间限制，如许多国家规定只有某一日期后新投产的可再生能源电力才是符合配额制度条件的。英国国内生产

---

〔1〕 李家才、陈工："国际经验与中国可再生能源配额制（RPS）设计"，载《太平洋学报》2008年第10期。

的可再生能源电力都可以用来完成配额义务，但从其境外所发的可再生能源电力必须是非来自陆地上且仅是直接跟北爱尔兰地区的电网相连接。美国有许多实行配额制的州也都有这一限制性规定，如内华达州、新泽西州、德克萨斯州等只依靠州内可再生资源来完成各自的配额义务。美国德克萨斯州1999年《公用事业监管法》规定，1999年9月1日后建成的可再生能源发电厂和少于2MW装机量的不考虑装机日期的所有可再生能源发电厂所产的可再生能源电力均可以用来完成配额义务；而装机量大于2MW的可再生能源发电厂和1999年9月前建的可再生能源发电厂所购的电力可以算为买方的可再生能源信用义务，但这种信用是不能再用来交易的。在地域范围上，德克萨斯州不接受州以外的可再生能源，除非是专门向州内传输线传输的可再生能源电力。[1]

二、我国配额制度中的可再生能源技术种类建议

我国《可再生能源法》主要列举了"风能、太阳能、水能、生物质能、地热能、海洋能等非化石能源"作为我国的可再生能源种类。我国《可再生能源产业指导目录》对将风能、太阳能、生物质能、海洋能、水能这几类基本实现商业化的可再生能源技术种类做了列举。

对于应该将哪些可再生能源技术种类纳入配额制的实施范围，应该需要结合我国的国情慎重确定。在我国，风力发电、光伏发电、地热发电、现代生物质能发电、垃圾发电和潮汐能发电等都基本符合这些要求。对于是否将水电纳入可

---

〔1〕 美国许多州将可再生能源证书或绿色证书称为可再生能源信用。

再生能源配额制的实施范围，目前存在争议。

　　笔者认为，随着我国开发利用可再生能源技术的不断提高，目前一些开发成本较高的能源，将来会逐渐降低成本。就配额制度的实施本身来说，界定哪些可再生能源种类适用于该制度，除了考虑到大规模开发可再生能源外，还要考虑到制度执行的便利性，因此我们目前可以考虑将发电，如风电、生物质发电等纳入该制度实施范围。由于海洋能受技术限制，地热能和生物燃料受开发潜力限制，可以通过其他制度，如固定价格收购、财政补贴等予以推动发展，待其将来发展到一定程度后再纳入配额制度的实施范围。在具体操作上，可以由能源主管部门组织领域内相关专家，定期对国内的可再生能源进行评估或者在业界内组织听证会，确定哪些可再生能源可以纳入配额制度范畴，以使制度能够随着技术的发展而不断完善。目前笔者不建议将大型水电纳入可再生能源配额制的实施范围，因为一方面，大型水电技术已存在几十年，和其他欠成熟的可再生能源相比，成本降低和技术提高的潜力极为有限，对于大型水电技术一般不需要可再生能源政策提供的支持，否则可能压制其他可再生能源技术从配额制度中获益；另一方面，目前小水电、风电、太阳能发电和一些生物质能发电技术确实需要政府政策的支持，因此应将政府有限的财力支持集中于小水电、风能、太阳能发电等技术方面。此外，由于不同可再生能源技术的实际发展水平以及发电成本有所不同，因此笔者建议对于不同的可再生能源技术可以进行分类配额，以推动相对成熟的可再生能源技术的规模化发展，并扶持新兴的可再生能源技术。

　　可再生能源发电由于计量方便并且不用再转化为其他形

式能源，所以通过发电来对可再生能源开发进行管理是最具有制度操作性的。理论上讲，其他形式如生物液体燃料、可再生能源热利用等也都可以通过一定计算转化为电力的形式。但是这种转化相对复杂，而且涉及的行业众多，因而制度的操作成本相对较大，所以在我国建立可再生能源配额制度的初期建议主要将可再生能源发电纳入制度实施的范围。

第四章

可再生能源配额制度的程序性内容

　　在明确了可再生能源配额制度的目标以及主客体之后，政府采用什么分配标准将国家发展可再生能源的总量目标分配给众多的义务主体，并且义务主体将采用什么方式或手段来完成配额义务，是实现国家发展可再生能源目标、保证配额制度顺利实施的关键性问题。科学合理的分配标准，有助于充分调动义务主体的积极性，以完成其应承担的配额义务；灵活的配额义务履行方式，能够使配额义务主体以更经济有效的方式完成配额义务。国外实施配额制度的国家很多都采用绿色证书制度的路径或方式来保障义务主体完成配额义务。本章即是从这两个方面入手，通过借鉴国外的相关经验，为我国设计可再生能源配额制度提供建议。

第一节　可再生能源配额的分配标准

一、国外可再生能源配额的分配标准

国外实行配额制度的国家往往根据相对固定的标准来确定义务主体所承担的配额。也有的国家则不固定，如英国的分配标准比较灵活且经常变化，由政府根据每年可再生能源的发展目标和市场情况等来确定。

相对固定的标准分为两种：一种是按照相对的比例来分配，即以该国或地区的总量目标为发展上限，根据义务主体在所有市场主体中的电力比例，来设定其应承担的可再生能源配额义务比例。美国德克萨斯州配额义务的分配就是根据义务主体在电力市场中出售电力所占的份额比例进行的，如在 2003 年，德克萨斯州电力销售总量为 400MW，若某个竞争性电力零售商所售电力在市场上占 10% 的份额，那么它将要承担 40MW 的可再生能源发电量。澳大利亚每年根据当年可再生电力目标和预期的普通电力总购买量，于第一季度内公布"单位购买量百分比"（per purchase percentage，PPP），电力零售商的义务由年度普通电力购买量和"单位购买量百分比"确定。[1]

第二种是按照一个固定的比例来分配。有的国家以义务

---

〔1〕李家才、陈工："国际经验与中国可再生能源配额制（RPS）设计"，载《太平洋学报》2008 年第 10 期。

主体上一年度的发电量为基准,设定一个比例,即可再生能源发电量要占到上一年度发电量的一定比例,并且往往逐年增加。如意大利 1999 年《电力法》要求发电商所发的可再生能源发电量所占的比例是上一年度所发电力的 2%;2003年的《发展国内可再生能源电力市场法令》(又称 387/03 法令)第 4 条规定,从 2004 年到 2006 年,输入到国家电网内的可再生能源电力的数量逐年增加 0.35%;另外经济发展部设定 2007~2009 年及 2010~2012 年逐渐增加的强制性配额义务;[1] 2008 年的《预算法》规定,2007 年至 2012 年期间,这个比例将逐年增加 0.75%。[2] 也有的国家以当年义务主体的总体电量为基准,设定可再生能源电量要达到的一定比例。如波兰《配额义务条例》中规定,配电公司有义务从2001 年到 2010 年每年购买一定数量的来自可再生能源的电力,并且绿色电力在每年其所卖的电力的比例应该不少于2002 年 2.5%、2003 年 2.65%、2004 年 2.85%,一直到2010 年的 7.5%。

二、我国可再生能源配额的分配原则

义务配额的确定不仅关系到义务承担主体的切实利益,而且还是进行下一步交易的起点和基础,因此确定分配配额所要坚持的原则与标准非常重要。笔者认为,在进行配额指

---

〔1〕 Daniele Pilla, "Italy: Renewable Energy—The Promotion of Electricity from Renewable Energy Sources", *I. E. L. T. R.*, 10 (2007), pp. 211~215.

〔2〕 Gabriele Bernascone, "Promotion of Renewable Energy Sources in Italy", *Euro. Law*, 78 (2008), p. 30.

标分配过程中应该坚持以下原则：

（一）维护公平兼具成本效益的原则

我国地域辽阔且地区间自然资源禀赋差距很大，在分配义务时，既要考虑到各省之间的公平分配，又要根据地区间的资源差异而引起的成本差距，选择总体上更有成本效益性的方式来分配。应按照新能源开发利用成本最小的原则，鼓励资源条件好的地区优先开发，避免出现不具备资源条件的地区为实现新能源发电配额目标，盲目加大本地区新能源开发力度，应保证新能源资源条件差的地区承担配额义务的代价低于在本地区开发资源条件较差的新能源所付出的代价。

考虑到我国以省为实体的电力管理模式，新能源配额指标的分配应以省为单位。我国风电等新能源资源分布不均衡，开发条件也存在较大差异。配额指标的分配可以有两种主要模式供选择：一种是基于各省风电消纳能力的差额配额指标分配模式；另一种是不考虑各地区资源差异的等额配额指标分配模式。对于第一种配额指标分配模式，其结果是风资源丰富的地区，例如西北电网和东北电网，可能得到的配额比例偏高；而风资源相对贫乏而电网规模较大、风电消纳能力较高的地区，例如东南沿海地区的配额比例反而会偏低。这种模式立足于风电就地消纳，没有考虑到各省的资源差异，并且也没有充分发挥电网配置资源的能力。对于电力供大于求而风电装机规模较大的地区，完成配额义务的难度很大，如果低谷市场能够顺利开拓，无疑为优先选择的模式。但在低谷电力市场难以顺利开拓的基础上，可能会导致风资源丰富地区为完成配额指标盲目扩大风电，以规模换总量，导致弃风严重，风电利用小时数不高的后果。对于第二种配额指标分配模式，其明显降低风资源丰富地区的配额义务，提高了东南部经济较为发达但风资源欠丰富地区的配额义务。这种模式有利于风电在更大的区域范围消纳，会加大跨省跨区电力交易量，但也可能导致风资源差的地区盲目开发风电，不利于资源条件较好的地区风电资源的优先开发。长远来看，最好选用第二种配额指标分配模式，一方面，可以使自然资源丰富地区的可再生能源发电实现正外部性内部化，鼓励其开发更多的电力；另一方面，对自然资源欠发达地区分配等额的指标，能实现东西部之间的优势互补，从而达到东西部地区之间的资源优化配置的目的。

（二）按照市场份额比例分配的原则

《可再生能源发展中长期规划》提出，"到2010年使可再生能源消费量达到能源消费总量的10%，到2020年达到15%"的目标。我国可再生能源发展的总量目标为发展可再生能源提供了一个长远的目标规划，也为管理部门进行配额指标分配规定了分配的总量。在具体分配配额指标过程中，可以首先将总量目标细化为短期的年度目标，再根据配额义务主体在市场中的供电份额或者传输份额比例，对其承担的配额义务进行分配。笔者建议在维护配额义务稳定的前提下，根据每年可再生能源的发展情况，及时进行调整，以维护义务主体的正当利益，做到公平公正。

（三）对不同可再生能源发电技术分类分配的原则

我国《可再生能源发展"十一五"规划》以及《可再生能源中长期发展规划》除了规定国家总的可再生能源发展目标外，对不同的可再生能源技术种类的发电目标也作了规定，如对水电、生物质能发电、风电、太阳能发电等分别规定了到 2010 年和 2020 年的发展目标。在可再生能源配额制度实施过程中，为了细化配额管理，实现国家规定的可再生能源发展总量目标，应该对配额义务主体要承担的不同可再生能源技术发电配额进行分配。在具体分配过程中，可以按照该地区的资源优势以及义务主体的数量和规模情况，按照一定的比例进行分配，并且随着时间的推移以及义务主体的发展情况，及时对义务主体承担的配额指标进行调整。

第二节　绿色证书制度

配额本身是一种计划经济的管理方式，并且在我国有着悠久的历史。可再生能源配额制度主要是通过强制性地要求义务主体来完成一国或地区发展可再生能源任务的制度。在具体实施过程中，通过"计划 + 行政命令"的方式来发展可再生能源配额制度，义务主体仅通过自身生产可再生能源电力来完成配额义务，若完不成配额义务则要承担一定的法律责任，这种制度实施路径从学理上讲亦无不可。因此，从这个角度来看，可再生能源配额制度与绿色证书制度似乎毫无关联。但是通过对国外实施配额制度的情况进行分析来看，为了更好地促进义务主体完成其应该承担的配额义务，很多实施可再生能源配额制度的国家都建立了绿色证书制度来辅助可再生能源配额制度的推行。据统计，到 2014 年，有 25

个国家和 1 个国家的地方政府层面实行可交易的绿色证书制
度[1]；这其中就有 11 个国家和美国的州级层次实施配额
制度。[2]

本节通过分析借鉴国外实施绿色证书交易制度的经验，
提出将来在我国的实施建议。

一、绿色证书制度概述

(一) 绿色证书制度的定义

绿色证书 (Green Certificate)，也称为可再生能源证书
(Renewable Energy Certificate) 或可交易的绿色证书 (Trad-
able Green Certificate)，在美国一些州也被称为可再生能源信
用 (Renewable Energy Credit)，本书统一称为绿色证书。绿
色证书制度就是指在可再生能源制度实施过程中，配额义务
主体以通过自己生产或交易绿色证书的形式来完成其应该完
成的配额义务的制度，证书代表着一定数量的可再生能源电
力，一般采用纸质形式与电子化管理相结合的方式。义务主

---

〔1〕 这些国家有澳大利亚、奥地利、比利时、捷克、丹麦、分兰、法国、
爱尔兰、意大利、日本、荷兰、挪威、波兰、斯洛伐克、斯洛文尼亚、韩国、
西班牙、瑞典、英国、阿尔巴尼亚、哈萨克斯坦、罗马尼亚、加纳、印度、越
南；美国的一些州实施该政策。参见 Janet L. Sawin, Freyr Sverrisson, "Renew-
ables 2014 Global Status Report", *Renewable Energy Policy Network for the 21st Centu-
ry*, 6 June 2014, pp. 89～91.

〔2〕 这 11 个国家是：意大利、日本、挪威、波兰、韩国、瑞典、英国、
阿尔巴尼亚、罗马尼亚、加纳、印度。澳大利亚、比利时虽然在地方层面实施
配额制，但在国家层面推行绿色证书制度。参见 Janet L. Sawin, Freyr Sverrisson,
"Renewables 2014 Global Status Report", *Renewable Energy Policy Network for the 21st
Century*, 6 June 2014, pp. 89～91.

体在无法自己生产可再生能源电力时可以选择通过在绿色证书交易市场上购买绿色证书来完成其应该承担的配额义务。因此绿色证书制度是为了便利于配额义务主体履行其应当承担的发展可再生能源的指标或配额义务而设计的一种灵活履行制度，是发展可再生能源配额制度的有效工具和实施方式。采纳配额制度的国家几乎都或早或晚地采用了绿色证书制度。

建立绿色证书制度后，配额义务主体就可以通过三种方式来完成自己承担的配额义务指标：一是自己建设可再生能源发电设施，通过生产足够的电量来完成义务；二是从其他可再生能源电力生产商那里购买可再生能源电力来完成配额义务；三是在绿色证书交易市场上从其他已经完成指标的配额义务主体手中购买代表一定数量可再生能源电力的绿色证书。这样，可再生能源发电就可以在两个市场上完成交易：一是实际的可再生能源电力交易，二是代表一定可再生能源电量的绿色证书交易。

（二）绿色证书制度的性质和特征

第一，绿色证书是一种类似于金融产品的书面证明，一般采用纸质的形式，在其上记录有关信息。管理部门或监管机构往往建立绿色证书的电子化跟踪系统，以规范对绿色证书的管理。

第二，绿色证书具有一定的时效性。实施绿色证书交易的国家一般规定用来完成配额义务的绿色证书数量用完后即失效，往往规定 1～3 年。

第三，绿色证书并不具有普遍的流通性。为防止绿色证书的价格严重脱离价值，国外将其限定在一定范围内交易，一般限定于能源领域内进行交易，其他行业或领域的生产企业或投资企业不得参与绿色证书的交易。

第四，绿色证书内涵了一定的环境效益。可再生能源基本上属于清洁能源和绿色能源。可再生能源电力相比常规能源所发的电力，具有明显的环境价值，是可持续发展在能源开发领域的反映。绿色证书作为可再生能源电力的一种载体，体现为可再生能源生产电能时所具有的环境效益。

（三）绿色证书制度的意义

1. 为义务主体完成配额义务提供选择自由

绿色证书交易市场作为自由交易的市场，赋予参与交易的配额义务主体充分的自由。配额义务的主体可以自由选择是通过自己生产可再生能源电力还是通过从市场上购买绿色证书的形式来完成配额义务。"在缺乏'自由'的状态下，不但各种东西不可能由那些最懂得如何生产而且能以最低成本生产这些东西的人来生产，而且，所有消费者最喜欢的东西（如果他们有选择余地的话）也根本不可能都生产出来"。[1] 因此，绿色证书的交易为配额义务主体提供了灵活选择完成配额义务方式的自由，义务主体可以选择以更经济的方式来完成配额义务。

2. 降低了配额制度的履行成本

"市场经济的核心是竞争，即经济主体在市场上为实现自身的经济利益和既定目标而不断进行的角逐过程。在这个

---

〔1〕 ［英］F. A. 哈耶克：《个人主义与经济秩序》，贾湛等译，北京经济学院出版社 1989 年版，第 94 页。转引自徐强胜：《经济法和经济秩序的建构》，北京大学出版社 2008 年版，第 148 页。

角逐过程中，每个人都应该是自由的，即进行自由的竞争。"[1] 专业从事可再生能源电力生产的企业由于其发电设备比较先进或者发电技术比较高，其开发可再生能源的成本会比较低；而其他企业由于不以可再生能源电力为主业或者即使从事过但是技术经验相对缺乏，那么开发可再生能源的成本会相对较高。如果没有绿色证书交易制度，那么义务主体无论是否具备生产可再生能源设施或者技术的经验或能力，都必须自己生产或投资可再生能源，而且可能要生产太阳能、生物质能和风能等多种可再生能源类别，因此其开发可再生能源的成本会明显提高，完成配额义务的成本也相应提高。绿色证书制度的设立，为义务人提供灵活选择遵从方式的自由，使那些开发可再生能源成本较高的义务人可以通过购买其他生产企业持有的绿色证书来降低成本；而那些具备成本优势的可再生能源开发企业，由于存在出售绿色证书的利润刺激，会尽可能多地提高可再生能源的发电量以产生更多的证书数量，满足更多的义务主体以更低的成本来实现配额义务。

3. 有利于降低可再生能源的开发成本

绿色证书交易运用市场机制来调整供求关系和价格，这就可以通过市场的力量推动可再生能源发电商之间的竞争，促进可再生能源生产企业提高自身的生产技术和加强管理，以最低的成本来产生最大量的可再生能源电力，从整体上降低我国可再生能源的开发成本。

---

〔1〕〔美〕马西莫·莫塔：《竞争政策：理论与实践》，沈国华译，上海财经大学出版社 2006 年版，第 3 页。

4. 推动可再生能源市场机制的完善，降低行政成本

可再生能源往往由于其间歇性、季节性和选址而处于劣势，资源条件最好的地区往往距离电力消费者非常远。绿色证书则克服了这些空间上的障碍，简而言之，绿色证书创造了一个更加流畅和充满活力的可再生能源电力市场。绿色证书交易作为可再生能源市场交易的一部分，依托可再生能源电力生产进行市场交易，交易过程中需要中介机构和人员、监管机构、交易流程管理等，在具体的交易实践中不断积累市场经验，有利于可再生能源市场机制的整体完善。同时，由于政府在进行调控中更多是利用市场机制来实现调控目标，而减少对可再生能源补贴的确定、调整、筹集和分配等行政行为，并且政府不再亲自完成调控行为，也不用亲自去参与交易活动，而只是负责可再生能源目标的确定以及监督遵从和处罚违规，因此降低了政府的行政成本。

（四）绿色证书制度的实施概况

可再生能源绿色证书目前在二十个国家的国家层面上实施，其中有澳大利亚、印度、日本、俄国、挪威和大部分的欧盟成员国国家。[1]

一般认为，绿色证书制度最早是在美国各州实施配额制的过程中开始实施的。在欧盟内，丹麦是第一个规划该绿色证书/配额制度的国家，1998 年荷兰政府颁布的电力法令中规定将要引进绿色证书计划，但是最早正式实施是发生在

---

〔1〕 "Renewables 2010 Global Status Report", *Renewable Energy Policy Network for the* 21*st* Century.

2002 年的英国，随后在意大利、比利时、波兰和瑞典实施。[1]

绿色证书交易市场在美国和欧洲发展迅速。经过若干年的实践，目前美国的许多州、澳大利亚、意大利等国家和地区均建立了比较健全的绿色证书交易制度。

欧洲的绿色证书交易市场不同于美国。欧洲的绿色证书交易市场趋向于将欧洲的可再生能源统一化，欧洲的绿色证书交易活动被大电力公司所垄断，缺乏竞争性绿色电力零售市场经验，并且绿色证书基本上出售给相对简单的零售消费者。1999 年，欧洲成立了自愿性的绿色证书签发和交易系统——可再生能源证书系统（Renewable Energy Certificate System）。它是欧洲民间自筹资金的民间组织，其成员是来自于荷兰、法国、德国、丹麦、比利时、意大利和英国的电力公司。截止到 2002 年 4 月 11 日，已经有 19 个国家的 158 个公司从事绿色证书的交易[2]。相反，美国的绿色证书交易则集中于零售市场，在这类市场上，绿色证书作为增加流动性的工具，

---

〔1〕 See Volkmar Lauber, "The Politics of European Union Policy on Support Schemes for Electricity from Renewable Energy Sources", *in Suresh P. Prabhu*, *Green Power Markets*: *Support Schemes*, *Case Studies and Perspectives* （Volume Ⅰ）, Multi - Science Publishing Co., Ltd., 2007. 不过也有学者对国外实施绿色证书制度的国家的时间做了更具体的研究，有些跟正文中的时间有些差别，如有学者认为澳大利亚、比利时、奥地利、荷兰从 2001 年起开始实施绿色证书制度；意大利从 2002 年开始实施；丹麦则从 2003 年开始建立该制度。See Jan Hamrin, PHD, Meredith Wingate, "Developing a Framework for Tradable Renewable Certificates", May 29, 2002.

〔2〕 Jan Hamrin, PHD, Meredith Wingate, "Developing a Framework for Tradable Renewable Certificates", May 29, 2002.

能够克服更广泛地开发可再生能源的障碍。德克萨斯州是美国第一个实行绿色证书交易的州，自 2001 年 7 月起开始执行。该交易机制由德克萨斯州公用事业委员会（Public Utility Commission of Texas）总体上对绿色证书交易机制进行监督管理，德克萨斯州电力可靠性委员会进行具体管理。德克萨斯州的绿色证书分为两类：可再生能源信用（Renewable Energy Credits）和可再生能源信用补偿（REC Offsets）。可再生能源信用来自新建的可再生能源项目，即 1999 年 9 月 1 日及之后投产的可再生能源项目；可再生能源信用补偿则来自已有的可再生能源项目，即 1999 年 9 月 1 日之前投产的可再生能源项目。

　　澳大利亚在 1997 年就宣布实施促进可再生能源发展的政策。通过强制性地实施该国制定的到 2010 年前要完成的可再生能源目标，并提供 1.8 亿美元的专项资金支持以及借助绿色证书制度来推动实现该发展目标。澳大利亚 2000 年《可再生能源（电力）法》[Renewable Energy（Electricity）Act] 对绿色证书作了详细规定，如合格发电站的认证、证书的注册、评审、形式、内容、转让、中止等；还规定了未完成可再生能源任务的交费补偿（shortfall charge）；反对意见、审查和上诉；费用退还；罚金；行政管理；审计；信息收集；可再生能源监管；民事处罚；等等。2010 年《可再生能源（电力）修订法案》修改了最初的目标，设定了到 2020 年应该达到的目标，并仍然通过绿色证书制度来实现该目标。[1]

---

〔1〕 "Australian Government – Office of the Renewable Energy Regulator", Tradable Renewable Energy Certificate（REC），*Renewable Energy Policy Network for the 21st Century*.

2001年7月，澳大利亚建立了电子化的交易市场——绿色电力市场（Green Electricity Market），该市场是按照联邦2000年《可再生能源（电力）法》的规定而创设的，致力于绿色证书的创造、转让和撤销工作，将来还有可能用于环境交易，如排放信用交易等。同时建立澳大利亚可再生能源监管办公室（Office of the Renewable Energy Regulator）来执行该法规定的政策目标，包括建立绿色证书签发和撤销的程序性规则等，通过与绿色电力市场电子化的交流互动，来掌握所有的绿色证书的信息。

一般来说，国外实施的绿色证书交易制度主要涉及绿色证书的颁发（注册）、证书的内容及形式、证书的计算、交易、撤销、终止、证书的管理以及灵活的履行机制等。

二、国外绿色证书制度的内容

（一）绿色证书的颁发（注册）

绿色证书的颁发是证书交易制度运行的第一道程序；发证机构在颁发前往往要先有一定的审查、认证程序，并且同时负责绿色证书的注销。负责登记和管理绿色证书交易的机构，通常由发证机构授权或由发证机构亲自负责。

发证机构或者绿色证书交易中介机构利用电子信息系统对绿色证书市场进行操作和管理，以确保绿色证书发放、转让和注销的准确性和高效率。电网公司、可再生能源发电商等相关方能够登录注册、查询信息等。

澳大利亚的绿色证书颁发给可再生能源发电商。澳大利亚将可再生能源证书分为大型发电证书和小型技术证书；相应地，将可再生能源证书的注册分为大型发电证书和小型技术证书的注册。小型技术证书的注册还包括太阳能热水器、热泵热水器和小型发电机组的合格要求（小太阳能光伏、风电和水电系统）；另外不同可再生能源技术的证书授予时间也有所不同。发电商必须向可再生能源监管办公室提出申请，被授权并登记在册后才可以获得绿色证书。

英国要求所有的证书及其持有人都登记造册。可再生能源电力生产商首先需要提交一定的信息说明，内容包含发电时间、其所产电力的销售去向的声明、所产电力尚未被签发可再生能源义务证书的声明。监管机构据此来向其签发证书。

意大利的绿色证书签发前，发电厂必须获得管理机构关于所发电力为来自可再生能源的电力的认证。

美国德克萨斯州规定，发电商、电力零售商必须向州公用事业委员会提出申请，被批准后才可以生产可再生能源电力或交易信用。可再生能源信用由德克萨斯州电力可靠性委员会颁发给经核准的可再生能源电力生产商，每季度核发一次，并自动将数量结果计入电子化数据库中。同时电力可靠性委员会为其建立唯一的一个标识符（identifier）。[1] 德克萨斯州一个可再生能源信用的价值等同于经核准的可再生能源发电商所发的 1MWh 的电力。可再生能源信用补偿根据已投产的可再生能源发电设施以往 10 年的平均可再生能源产量来颁发。可再生能源信用补偿在其所有者选择参与德克萨斯

---

〔1〕 不论该设备名称及其归属有何变化，该标识符将伴随该发电设备的整个生命周期；若持有者关于设备名称、所有者等有任何变化，都要及时通知德克萨斯州电力可靠性委员会。See David Hurlbut, "A Look Behind the Texas Renewable Portfolio Standard: A Case Study", *Natural Resources Journal*, 48（2008）, p. 129.

州新建的零售市场时可以代替信用而完成配额义务。可再生能源信用补偿不可以被购买、交易、出售或终止。德克萨斯州公用事业委员会一次性地签发可再生能源信用补偿，在公用事业委员会撤销或发电设施不再发电前，信用补偿一直有效。美国威斯康星州和亚利桑那州公用事业委员会建立的用来完成配额义务的绿色证书系统很相似。这两个州将绿色证书颁发给购买绿色电力的公用事业单位，而不是可再生能源电力生产商。

（二）绿色证书的形式与内容

证书可以是作为实物的纸质形式，也可以仅是计算机联网系统中的电子形式，或者同时具有这两种形式。

作为配额义务履行的一种选择，美国德克萨斯州的绿色证书是不区分可再生能源的技术种类的，即无论信用所代表的是来自于风能、生物质能还是其他类型的可再生能源电力，均具有同样的效力。德克萨斯州信用证书主要标示以下内容：证书编号（区别于其他证书的唯一标识符），发电设备的编号（由德克萨斯州电力可靠性委员会负责编号，无论该设施的所有者是否改变，发电设施上的编号一直不变，直至报废），用来发电的可再生能源类型，发电时间（年份和季度），信用数量（表示发电商在一个季度所发的可再生能源电力所转换成的信用数量，即该发电设备以 MWh 为单位的发电量）等。美国新英格兰州绿色证书的内容有：证书编号，发电设施的名称和地址，燃料类型，一氧化碳、二氧化碳、氮氧化物、汞、可吸入颗粒物、硫氧化物、挥发性有机化学物等排放情况，发电时间，发电装机容量，证书生产日期，适用范围，劳动特点，可再生能源电力注册号码。

澳大利亚在可再生能源电力生产和计量后，证书以1MWh 为单位计算，并不断累积。每个证书要包含以下内容：发电商登记编号，发电商的身份编号，发电年份，证书的生产日期，代表着电力数量的编号。

英国每个签发的可再生能源义务证书都有一个编号并标明电量。意大利每个证书中的一个单位代表 100MW 的电量，并且只能用于完成其特定年度的强制性配额。[1]

因此一般来说，绿色证书系统至少包括以下要素：绿色证书的唯一性编号、发电商信息、可再生能源种类、发电的技术类型、生产日期以及交易范围等信息。[2]

(三) 绿色证书的核算、交易及终止

1. 核算

为了便于核算和交易，大部分国家和地区的绿色证书上的每个单位相当于 1 千瓦时的电力。美国德克萨斯州规定，经核定的可再生能源发电设施每生产 1 千瓦时的可再生能源电量就产生一个可再生能源信用，仅适用于 1999 年 9 月 1 日以后新建的设备，但装机容量小于 2MW 的可再生能源发电设施所发的电力除外。但也有些国家或地方政府为了推动可再生能源多元化发展，鼓励新兴可再生能源技术的发展，推动新兴可再生能源技术不断降低成本，其绿色证书规定成本较高的可再生能源电力所产生的证书数量要高于一般的可再

〔1〕 Loredana De Angelis，"Italy：Electricity—Incentivising Use of Renewable Resources"，*I. E. L. T. R.*，4（2003），pp. 20～22.

〔2〕 王白羽："可再生能源配额制（RPS）在中国应用探讨"，载《中国能源》2004 年第 4 期。

生能源技术产生的证书数量。比如，低成本的可再生能源发电技术每 MWh 电量只能获得 1MWh 的证书，而高成本的可再生能源发电技术，如太阳能光伏发电，每 MWh 的电力可获取 5MWh 的证书，这一定程度上加快了开发成本高、新兴的可再生能源技术发展。2009 年 4 月 1 日，英国《可再生能源义务法令》开始实施，其实质是对可再生能源进行分类和限制管理，即不同可再生能源种类所发的每 1 千瓦时电力其获得的可再生能源义务证书数量是不同的。

由于可再生能源发电数量不断增加，绿色证书上关于发电的信息也是不断更新的，如德克萨斯州电力可靠性委员会通过电子形式直接从发电商那里得到最新的发电数据，并且每 15 分钟更新一次。该信息被每月一次下载到可再生能源信用软件系统里。尽管这些信息不会被公开，但是电力可靠性委员会可以对其进行跟踪以备证书签发机构进行核对。

澳大利亚的发电商自己核算它们的证书数据，并通过网络登记系统创造它们自己的电子证书。澳大利亚绿色电力市场的参与者还可以通过绿色电力市场平台来创造证书。

2. 交易

（1）交易主体。绿色证书交易市场的参与主体一般是配额义务主体、经过管理机构核准的中介机构以及其他可再生能源电力参与者等。美国德克萨斯州规定参与零售市场竞争的竞争性电力零售商（Competitive Retailers）必须参与绿色证书交易机制。其他希望参与绿色证书交易机制的可再生能源发电商和从小规模的可再生能源生产单位手中收购绿色证书的集中采购商也可以参与绿色证书交易。其他主体也可以参与绿色证书交易机制，例如，促成买卖方交易的中介方。

（2）交易形式。证书作为一种特殊的商品，其交易必然也是遵循市场经济原则，在买卖双方平等、自愿的基础上进行的。绿色证书交易分为两种形式：一种是独立于实际的可再生能源电力而单独出售的绿色证书交易，即非捆绑式绿色证书交易；另一种是与实际的可再生能源电力捆绑销售的绿色证书交易，即捆绑式绿色证书交易。当可再生能源电力与常规电力混合在电网中，分不清哪个是常规电力，哪个是可再生能源电力时，捆绑式绿色证书可看作是一种信息管理工具，是对可再生能源发电方式进行确认的一种指标。而当可再生能源物理电量由于输电容量限制，或当地可再生能源资源缺乏等原因而导致有配额任务的市场参与者无法完成配额要求时，非捆绑式绿色证书可独立于物理电量单独出售，为完成配额要求提供灵活性。

绿色证书交易合同主要包括三种：第一种是签订短期合同。主要是绿色证书的现货交易市场。由于可再生能源电力往往具有季节波动性和出力不稳定性等特点，因而这种交易方式往往比较普遍。目前美国只有德克萨斯州和纽约州有绿色证书的现货交易市场。[1] 第二种是签订长期合同。市场主体通过签订长期的绿色证书买卖合同进行交易，交易价格由交易双方协商确定，也可以通过市场竞标确定。一般适用于电力零售市场没有完全开放竞争的情况，长期交易合同对于稳定可再生能源发电市场、降低交易双方的市场风险起着重要作用。这种交易形式往往先签订交易合同，等实际的可再

---

〔1〕 王蓉、麻秀范："美国可再生能源证书交易市场"，载《中外能源》2010年第8期。

生能源电力被生产出来并获得绿色证书后，再通过绿色证书市场的交易中心进行证书的转让登记。第三种是短期和长期合同混合交易模式。该交易模式结合了以上两种合同的特点。

美国德克萨斯州的信用可以通过长期合同、短期合同或者即时购买（spot purchases）的方式来交易。交易之前，可再生能源信用生产商或集中采购商必须向德克萨斯州公用事业委员会提出对所生产或集中采购的信用进行核准的申请。被登记后由公用事业委员会通知电力可靠性委员会，可再生能源信用生产商将登录指定的网站来建立它们自己的交易账户。德克萨斯州的绿色证书交易要求将信用与所生产的可再生能源电力捆绑销售。2001 年 5 月，德克萨斯州电力可靠性委员会建立了一个管理可再生能源信用交易的电子网络系统，信用的签发、登记、交易和终止全部在该电子平台上进行。德克萨斯州可再生能源信用可以在所有者之间很容易地被通过网络平台进行转让。交易双方可以通过传统的交易方式进行价格和其他细节的谈判。但是只有在电力可靠性委员会那里进行登记之后才能实现最终的转让。可再生能源信用补偿不能被转让。但是值得注意的是，德克萨斯州电力可靠性委员会所建立的电子化交易平台虽然能便利于跟踪配额制义务的履行情况，但是不具备帮助交易双方直接进行信用交易的功能。目前为止，美国实施配额制的州中约有一半建立了以网络为基础的电子平台，配额义务主体及其他法定参与主体可以登录该平台管理自己的账户；其他的州则依靠人工操作的系统，如只有系统管理员才能登录的系统来管理证书交易；或者通过简单地询问和检查义务主体提交的文件来进行证书转让登记。[1] 州公用事业委员会很少直接干涉可再生能源信用的交易过程，而是使信用尽可能地发挥其市场化功能。

意大利的绿色证书既可以从能源市场运营商组织的市场上交易，也可以通过双边的直接买卖协议来交易；且每年从1月到3月，证书至少每周交易一次，其余时间至少每月交易一次。[2]

澳大利亚的发电商在可再生能源监管办公室登记注册后，它们可以通过双边协议的方式交易绿色证书。如果发电商还是绿色电力市场的参与者，它们可以通过绿色电力市场的电子化交易平台来开展交易。证书所有者可以通过可再生能源监管办公室或绿色电力市场来撤销证书，但必须有撤销证书的书面声明。证书可以在绿色电力市场上被无期限地储蓄。

（3）交易价格。绿色证书价格受到很多重要因素的影响，如可再生能源发电设施的地理位置、技术类型和证书生产日期等，因而价格往往具有很大的波动性。此外，由于可再生能源电力具有出力的不稳定性和季节波动性的特点，绿色证书会出现比常规电力更大的价格波动。为了控制市场风险和保护市场参与者的利益，需设立市场价格的上下限进行合理的监管。

一些国家对绿色证书交易的价格上限作了规定，如英国对绿色证书的上限价格进行规定。意大利的绿色证书颁发部

〔1〕 See Edward A. Holt, Ryan H. Wiser, "The Treatment of Renewable Energy Certificates, Emissions Allowances and Green Power Programs in State Renewable Portfolio Standards", April 2007.

〔2〕 See Loredana De Angelis, "Italy: Electricity—Incentivising Use of Renewable Resources", *I. E. L. T. R.*, 4 (2003), pp. 20～22.

门对其价格上限作出规定。美国各州最初实施绿色证书制度时，绿色证书的价格基本上介于每千瓦时 1~2.5 美分。[1]

虽然绿色证书交易市场具有自动调整价格的功能，但是由于绿色证书的价格会直接影响可再生能源的生产规模，因此对绿色证书价格的确定具有以下特点：

第一，由于可再生能源发电具有很强的环境正外部性，绿色证书的价格也应该反映出这种正外部性。未完成配额义务的义务主体没有承担起其应该承担的发展可再生能源的责任，这些义务主体往往在发电过程中带有很严重的环境污染，给社会带来负外部性。他们通过购买绿色证书来弥补其给社会带来的负外部性，这在一定程度上实现了非可再生能源发电的负外部性内部化，从而发挥了可再生能源发电的相对正外部性优势，体现了可再生能源发电所内含的环境价值和社会效益，从而有利于实现可再生能源在能源市场中与其他常规能源发电进行公平竞争。

第二，绿色证书的价格虽然要受供求关系的变化上下波动，但是绿色证书作为政府激励可再生能源产业发展的工具，政府应对其价格的变动范围施加一定的限制。一方面，绿色证书的价格不能过高，否则将增大配额义务主体购买绿色证书的成本，如果购买绿色证书的成本大大高于配额义务主体自己生产可再生能源电力的成本，那么会对完不成配额义务的企业失去了购买的吸引力，其宁愿选择自己生产或者缴纳罚款，这样设置绿色证书也就失去了其本来的意义。另一方

〔1〕 Jan Hamrin, PHD, Meredith Wingate, "Developing a Framework for Tradable Renewable Certificates", May 29, 2002.

面，绿色证书的价格也不能过低，否则配额义务主体将失去自己发展可再生能源的动力而直接选择从市场上购买绿色证书，这不利于激励可再生能源发电技术的进步。

此外，有学者对绿色证书的基准价格做了研究，建议"绿色证书的价格＝（绿色电力销售电价－常规电力销售电价）×每份证书所含电量"。[1]

绿色证书交易市场遵循市场交易机制，价格随着供求关系的变化而有所波动，但是政府或监管机构为了防止交易市场的不正当竞争，可以对不正常超过证书基本价值的价格进行监管。

（4）国际交易。绿色证书将来还可用于国际交易。欧盟正在积极推进建立统一的欧洲绿色证书系统，并试图与国外的绿色证书交易市场之间达成合作协议。但是，欧洲各国的绿色证书交易机制设计有所不同，因而一定程度上限制了欧盟国家开展绿色证书的跨境交易。欧洲实施绿色证书交易机制的国家中有一半的国家支持跨国交易。荷兰允许绿色证书的国际交易。澳大利亚、奥地利、比利时的绿色证书不允许国际交易。其他国家则对国际交易规定了许多限制性条件。如丹麦的绿色证书交易自 2004 年以后允许开展国际交易，但有许多限制条件。意大利在允许电力进口的前提下可以允许绿色证书国际交易。瑞典 2005 年以后开始允许绿色证书的国际交易。英国则对国外的绿色证书有限制性的承认。有些国家担心绿色证书的跨境交易会有损该国的国家利益。

---

〔1〕 严慧敏、孙君："绿色电力市场模式探讨"，载《湖北电力》2006 年第 2 期。

　　绿色证书的国际交易所涉及的问题主要有对国内可再生能源发展的影响、对国内可再生能源支持机制的影响以及交易双方的贸易规则的协调等。此外由于绿色证书所代表的环境效益可以量化成一定的二氧化碳和二氧化硫的减排量，因而绿色证书市场与碳税市场、二氧化硫交易市场之间也具有一定关联性。绿色证书交易系统的建立为各国合作开展对可再生能源的开发利用提供了便利条件，当然这种合作需要建立在各国在国内开展绿色证书交易的实践经验基础上，另外也取决于一国的国际政治和经济政策。

　　3. 绿色证书的有效期

　　各国和地区往往对证书的有效期和终止的条件作出规定。澳大利亚和丹麦对绿色证书的有效期没有期限的限制；比利时的绿色证书的有效期是 2 年；意大利则不超过 10 年，并且是从生产该证书的电厂投入商业运营之日起开始计算；荷兰的绿色证书有效期是该证书颁发之后的 12 个月；瑞典的绿色证书有效期是 10 年；英国则是绿色证书颁发之年的年底。

　　美国德克萨斯州规定无论是可再生能源信用生产商还是可再生能源信用补偿生产商均有可能被取消资格。美国德克萨斯州的信用有效期是 3 年，每个信用出现下列三种情形时可以提前被撤销[1]：完成强制性的配额义务；自愿性的退

―――――――――

　　[1]　信用的生命周期问题当时也是经过德克萨斯州公用事业委员会的慎重考虑。可再生能源信用如果持续较长时间，那么会更方便交易，但是如果时间太长，就会起不到刺激发展可再生能源的作用。该州将可再生能源信用的有效期设定为三年，一定程度上给可再生能源发电商和电力零售商每年生产可再生能源信用留下余地，这样可以将年度剩余留下来用于应对下一年生产量减少或有波动性需求的情况。

出，即将绿色证书出售或转让；期满。可再生能源信用账户所有人必须向电力可靠性委员会出示用于完成配额义务或自愿性退出的证明，同时，电力可靠性委员会将自动撤销已过有效期限的可再生能源信用。德克萨斯州的可再生信用补偿不能被撤销。

英国规定对监管机构错误签发的证书，一旦发现即可以进行撤销。

4. 绿色证书的管理

绿色证书是实施配额制度的一部分，绿色证书的监管机构同配额制度的监管机构往往是一致的。不过由于绿色证书交易是一种市场运营行为，需要独立的交易平台和具体的管理机构。实践中可再生能源监管机构往往委托独立的第三方来对绿色证书交易进行管理。其管理的主要方式是通过建立绿色证书电子化的信息跟踪系统，对绿色证书的出售、转让、回收或用于其他用途进行跟踪，当绿色证书被最终消费者购买并用于完成其配额指标后，将从数据库中予以注销，以保证其不再被重复销售。如美国德克萨斯州公用事业委员会委托州电力可靠性理事会独立系统经纪所（Electric Reliability Council of Texas Independent System Operator，ERCOT ISO）来进行具体的市场管理。ERCOT ISO 利用并维护电子跟踪系统，以实现对可再生能源电力的生产、信用的买卖、转移和回收进行跟踪。德克萨斯州电力可靠性委员会负责定期总结绿色证书交易情况，并且公布可再生能源信用账户的持有者的信息以便利于可再生能源信用交易，同时公布可再生能源信用生产者的非竞争性信息，如设施名称、绿色证书标识号（或编号）、可再生能源技术类型、地址等。电力可靠性委员会还根据德克萨斯州公用事业委员会提供的信息并结合德克萨斯州自然资源委员会（Texas Natural Resources Commission）制定的每种能源种类在生产电力过程中的排放标准，张贴包括二氧化碳、二氧化硫、氮氧化物和颗粒物排放数据在内的表格。此外，监管机构建立对绿色证书合同的审计监管。定期对配额义务主体所持有的绿色证书交易情况进行审查，并使其与电子跟踪系统的数据相统一，最大程度上避免绿色证书的重复交易。

意大利则由能源市场运营商（The Energy Market Operator）专门组织和管理绿色证书交易市场。澳大利亚可再生能源监管办公室将其对绿色证书的登记和管理职能外包给独立的公司负责，其仅监督发电商所持有证书的评审、验证和审计；并且对配额义务主体即发电商完成可再生能源配额义务的情况进行审计。

5. 绿色证书的灵活履行机制

为了增加政策灵活性、减少责任主体完不成配额任务或是履行成本过高的风险，有些国家或州还设置了一些灵活机制，比如宽限期、证书"储蓄"制度等。绿色证书储蓄是最灵活的履行机制。

在意大利，如果生产商所拥有的绿色证书数量不足，其可以通过购买剩余的证书来补偿；否则，监管机构将对其进行警告，限制其市场行为，并将把未完成配额义务的主体名单报给经济部和环境部，由他们对其采取措施。

除荷兰和意大利外，澳大利亚、比利时等也实行证书储蓄。丹麦允许证书的储蓄和借用，但需要交纳押金。英国仅允许证书持有人对其持有证书的25%进行储蓄。美国德克萨斯州也建立了许多灵活机制来便利于义务承担主体顺利完成其配额义务，达到发展可再生能源的目的，主要有：义务补足或者宽限期（"true-up" or reconciliation period），时间一般为 3 个月，在这段时期内，未达到配额义务的，可以购买信用；已完成和还有剩余信用的可以出售；也允许进行信用储蓄（credit banking，即通过允许信用有效期延长 1~2 年来降低零售商风险和提高规模经济性）和赤字储蓄（deficit banking，即允许零售商弥补其信用亏空的时间延后一年至几年）。[1] 这就使义务主体有足够的机会选择以低成本的方式来完成义务。

三、国外绿色证书制度对我国的启示

国外实施绿色证书交易制度的经验表明，绿色证书交易机制要想成功实施，必须具备以下几个要素：

（一）充分的管理和制度支持

建立一个有效地对绿色证书交易进行管理和支持的运行机制是促使绿色证书交易协调发展的很重要的第一步。证书交易主体的登记、证书颁发、证书的所有权转移、信息共享、可再生能源的多样化发展以及纠纷协调等非常复杂，并有一定的政治敏感性。为交易主体制定充分的规章制度支持以便利于交易主体之间的沟通，并妥善解决交易主体间的纠纷对于证书交易的顺利进行起着关键性作用。

---

〔1〕 美国许多州均对"储蓄"（banking）的时间作出了限制，以保证配额义务的履行不会过度拖延而导致信用积压引起的虚假短缺现象。

（二）有效的网络及系统支持

除了制定良好的交易规则外，网络及系统支持对于市场的运转也起着很重要的作用。绿色证书交易的网络及系统必须能便于操作、透明、灵活，并且具有较低的交易成本。该网络及系统应该能重点解决以下问题：①当绿色证书已经被用于完成政府的强制性任务或被出售后，必须及时对其撤销；②预防双重核算、双重买卖或被重复利用；③保证绿色证书的基本信息（如燃料类型、排放数据等）和质量得到审核；④绿色证书要起到保障可再生能源配额义务目标的实现或者推动可再生能源不断发展的作用；⑤绿色证书的监管机构和具体运营机构能更充分和安全地进行信息沟通。总之，绿色证书网络系统在全国各个地区之间做到信息及时和准确的电子沟通非常重要。这种沟通要做到不间断，并且不受外界侵犯和阻碍。

（三）公众支持

市场参与者、非政府组织（如贸易协会和环保组织）和政府组织的支持对于绿色证书交易系统的成功运行具有很重要的作用。这些参与者包括发电商、交易者、零售电力供应商和终端消费者。像所有的市场一样，绿色证书市场也同样需要可再生能源供应和需求量的信息，使市场参与更有价值。没有了市场参与者的自愿支持，仅仅靠市场自身无法维持。

四、我国将来实施绿色证书制度的建议

由于我国还未正式实施配额制度，绿色证书制度更是全新的一种制度模式。在制度的探索实施阶段，我们可以考虑从以下几个方面开展：

（一）通过立法予以确立

绿色证书交易作为一种市场机制需要给市场参与主体明确的信息和信号，因此必须在立法中明确作出规定。对于绿色证书交易的确立方式，可以首先在配额管理办法或实施细则中作出规定，经过一段时间的实施，待绿色证书交易市场规模扩大、经验比较成熟后再制定专门的办法，以规范该市场的交易行为。

（二）做好全方位准备

实施绿色证书交易制度需要比较成熟的市场条件、完善的法律法规体系和健全的管理监督系统，而我国又缺乏绿色证书交易市场的运行经验。因此建立绿色证书机制的前期准备工作比较大。

我们实施绿色证书制度前，需要首先对绿色证书在我国可再生能源领域的内涵和外延进行明确界定；其次，要确定绿色证书的管理机构，由其对绿色证书进行颁发和登记注册、制定证书交易规则和程序、明确证书的单位价值、规定可再生能源发电设备年发电的计量和审计、义务履行的宽限期等工作；再次，明确绿色证书监管机构，用于监督绿色证书的交易价格、跟踪义务主体履行配额义务情况和处罚违规行为；复次，对相关工作人员进行培训，以适应绿色证书的专业化管理工作；最后，要建立完善的网络系统，以适应绿色证书交易的复杂操作。此外，还需要一系列的金融融资支持等。

（三）设计周密的交易流程

我国也有许多学者对绿色证书市场的运作方式提出了多种设计方案。将来我国实施绿色证书制度时，可以借鉴澳大利亚和美国一些州已在使用的证书交易管理系统。具体的交易流程可以参考如下的方式：第一，可再生能源发电厂向可再生能源发电管理部门提出颁发绿色证书的申请，管理部门对可再生能源发电厂进行审核，确定其资质、装机容量和产量等基本情况。第二，经管理部门审核过的可再生能源发电商到绿色证书发证机构登记注册，获得绿色证书的交易账户。第三，经过注册的发电商根据上个月或上个季度的发电量（MWh）获得相应绿色证书。随着发电商的发电数量不断增加，其持有的绿色证书所代表的电力数量也不断增加，并且随着发电的累计而定期予以更新。第四，完不成配额义务的主体通过绿色证书市场向绿色证书持有者购买绿色证书，双方达成交易后，一起到绿色证书管理机构进行绿色证书的转让登记，并且在证书交易电子化平台上进行相应的信息登记。第五，可再生能源配额义务主体定期向监管机构汇报其配额义务完成情况以及绿色证书的持有情况，对于完不成配额义务的单位，由监管机构核实后确定其应当承担的法律责任。

（四）采用渐进的方式实施

我国推行绿色证书交易不能一蹴而就，而必须根据我国电力市场的发育程度，循序渐进，逐步建立绿色证书交易市场，这个过程大致需要经过三个阶段。

第一阶段：试点阶段。在这个阶段，政府可以选择自然资源能源比较丰富的地区（如中西部地区），确定该区域内可供用来开发可再生能源电力的潜力，并根据该地区技术和资金的承受力，以及结合国家发展可再生能源的总目标，确定该地区在一定时间内所要承担的可再生能源发展地区目标。同时，政府也要给率先发展可再生能源电力的企业以必要的资金扶持，包括发放低息贷款，允许这些企业将来以出售绿色证书的收益来偿还贷款。此外，要尽快打破电力市场的垄断，建立充分竞争的价格决定机制，这是绿色证书交易不可或缺的市场保障。

第二阶段：初步建立绿色证书交易市场。先建立若干会员制的区域性的绿色证书交易市场，并随着这个市场运作机制的完善，信息的透明公开程度的提高，让更多的电力企业进入市场交易。在这个过程中，政府要充分考虑我国地域辽阔、温差幅度大、清洁能源分布不均衡的特点，协调绿色证书在区域上的供给和需求，保持绿色证书价格的稳定。

第三阶段：完善市场阶段。就市场的运作和发展而言，绿色证书实际上也相当于金融产品。所以，完善绿色证书市场很重要的方面就是参照金融市场的运作方式，运用远期、期权和调期等金融衍生产品，化解和规避价格波动风险。在适当的时候，建立绿色证书储蓄银行，更好地衔接和协调不同时期和区域绿色证书的供求，最大限度地保持绿色证书价格的稳定。

五、绿色证书交易中的纠纷解决

（一）指导原则

由于绿色证书的交易范围一般仅限于能源领域内的行业内单位，因此应在友好和谐的前提下，坚持透明、公正、高效地解决交易双方的纠纷。既要维护能源行业的和谐发展，又要有健全的裁判规则，从而获取投资者的信任，使更多的投资者积极地投身可再生能源的开发中来。

（二）纠纷解决的方式

1. 选择友好协商的方式解决双方纠纷

建议绿色交易中介结构、交易主体设立专门的机构或者依托行业协会，受理交易者的纠纷投诉。这既能节省诉讼成本，更重要的是有利于维护纠纷双方的和谐关系。

2. 通过民间调解解决双方纠纷

交易双方协商不成，可以尝试通过民事调解的方式解决绿色证书交易过程中的交易纠纷。适合担任民间调解机构的，可以是能源领域的行业协会、绿色证书交易中介机构或其他社会团体、中介机构等非政府组织。

3. 采用行政调解的方式解决纠纷

如果友好协商和民间调解未果，双方当事人可以尝试由电力监管委员会进行行政调解。由于电力监管委员会具有能源管理部门委托授权的对能源尤其是电力行业的行政调查权、行政处罚权和行政监督权力等，绿色证书交易主体能更容易接受其提出的调解方案和建议。

4. 采用仲裁的方式解决纠纷

倘若民间调解、行政调解未果，而且当事人在纠纷发生前或者纠纷发生后订有仲裁协议，则可将民事争议提交仲裁机构予以仲裁。仲裁实行一裁终局，而非诉讼中的二审终审，因此更加快捷、方便。

5. 采用诉讼的方式解决纠纷

诉讼是解决绿色证书交易引起的民事争议的最后一道防线。如果友好协商和调解未果，而且缺乏交易双方当事人之间的仲裁协议，那么纠纷双方只有诉至人民法院。

绿色证书交易中涉及的纠纷需要一系列配套机制的支撑。

当前需要进一步完善有关绿色证书交易的立法和政策规定，探索适合绿色证书交易纠纷的纠纷解决方式，为纠纷解决机构提供法律依据。

（三）承担民事责任的方式

绿色证书交易过程中涉及的相关合同纠纷，可以采取以下方式来承担民事责任：

1. 履行合同

对于一方未履行合同，如果对方提出要求，可以采用继续履行合同的方式来解决纠纷，从而把双方的损失降到最低。

2. 民事赔偿

绿色证书是一种特殊的商品，如果证书的出售方未及时履行合同，那么购买方可能会承担未完成配额义务所面临的法律责任，因此，如果出售方未能继续履行合同或者履行合同迟延而对购买方来说已经失去意义的情况下，对于赔偿范围，应当坚持赔偿实际损失的原则，既要赔偿直接损失，也要赔偿间接损失，即购买方因未及时得到绿色证书而受到的所有损失，对于其所承担的法律责任，可以量化为金钱赔偿的方式来补偿。另外还要补偿因解决纠纷而发生的一切费用。

第五章

可再生能源配额相关制度和政策

　　可再生能源配额制度作为可再生能源发电众多制度中的一个制度选择，它的实施离不开其他政策或制度的有效支持，只有这些制度密切配合，才能达到发展可再生能源的目的。就如有经济学家所说，"一个有形的制度安排，如果没有相应的无形制度之'匹配'，也许就不能有效发挥作用"。[1] 可再生能源配额制度要想顺利地实施，首先需要政府制定一定的经济激励政策，从财税、金融、资金补贴等方面对可再生能源技术进行激励。此外，虽然可再生能源配额制度只针对配额义务主体，但是社会公众的广泛支持有利于推动可再生能源在我国的发展，间接促进可再生能源配额制度的实施。国外发展可再生能源过程中，主要通过绿色电力机制和"净计量"等政策来调动社会公众的力量发展可再生能源。本章

---

　　[1] 盛洪主编：《现代制度经济学》（上卷），北京大学出版社 2004 年版，第 19 页。

通过借鉴国外发展可再生能源的经济激励政策和公众参与制度，对我国的相关政策和制度作进一步的完善或构建。

第一节　可再生能源经济激励制度

一、经济激励对发展可再生能源的重要意义

激励是经济绩效的根本决定因素。[1] 配额制度虽然是基于市场的一种机制，主要通过市场这只"看不见的手"来完成国家发展可再生能源的目标；但是市场有自己的缺点和劣势，仅通过配额制度这一种制度来推动可再生能源发展势必势单力薄，它需要政府这只"看得见的手"通过宏观调控或其他激励政策来推动可再生能源的发展。在美国发展机器大工业时期，其第一任财政部长亚历山大·汉密尔顿（Alexander Hamilton）就曾大力推动美国利用政府的财政权力通过保护关税或补贴的方式来促进基于机器的工业生产的增加。[2]

经济激励，顾名思义就是以经济的手段激发鼓励。可再生能源产业要健康快速地发展，除了国家制定强制性的目标和保障措施外，尤其是在产业初期必须为其提供财政扶持、

---

〔1〕［美］道格拉斯·C. 诺思：《制度、制度变迁与经济绩效》，杭行译、韦森审校，格致出版社、上海三联书店、上海人民出版社 2008 年版，第 187 页。

〔2〕［美］詹姆斯·威拉德·赫斯特：《美国史上的市场与法律——各利益间的不同交易方式》，郑达轩、石现明、李健译，郑达轩校，法律出版社 2006 年版，第 7~9 页。

金融优惠、资金补贴等经济激励，待其发展壮大后再逐渐交由市场配置。正如有经济学家所说，"一个有形的制度安排，如果没有相应的无形制度之'匹配'，也许就不能有效发挥作用"[1] 经济激励不管是对以前还是当今我国发展可再生能源都有重大的意义，体现在：

1. 有助于实现可再生能源发展目标，推动我国低碳发展的进程

我国 2013 年发布的《能源发展"十二五"规划》（国发〔2013〕2号）规定了"十二五"时期可再生能源的发展目标，即"非化石能源消费比重提高到 11.4%，非化石能源发电装机比重达到 30%。天然气占一次能源消费比重提高到7.5%，煤炭消费比重降低到 65% 左右"。而目前，截止到2013 年，我国可再生能源发电仅约占 20% 以上 (> 1000 TWh) 的发电。[2] 这与我国可再生能源发展目标还有不少的差距。

2. 加大经济扶持，缓解与传统能源的竞争压力

可再生能源行业依然面临众多的挑战。抛开可再生能源的自身发展薄弱不说，目前全球许多国家对传统能源的经济补贴仍然巨大[3]，无形中对可再生能源形成更大的压力。

---

〔1〕 盛洪主编：《现代制度经济学》（上卷），北京大学出版社 2004 年版，第 19 页。

〔2〕 Janet L. Sawin, Freyr Sverrisson, "Renewables 2014 Global Status Report", *Renewable Energy Policy Network for the 21st Century*, 6 June 2014, p. 27.

〔3〕 据统计，2012 年全球用于补贴化石燃料的经济补贴估计至少要 5.44 万亿美元。参见 Janet L. Sawin, Freyr Sverrisson, "Renewables 2014 Global Status Report", *Renewable Energy Policy Network for the 21st Century*, 6 June 2014, p. 84.

而通过政府财政和金融支持，可为可再生能源参与能源市场竞争助一臂之力。

3. 可再生能源自身特点决定了离不开政府的激励和扶持

可再生能源的开发不仅包含太阳能、风能、潮汐能、生物质能等多种技术种类，还包含发电、热利用、交通燃料等多种利用形式。当前许多技术都比较薄弱，开发成本较高，行业门槛明显高于传统能源，需要加强激励和扶持。

我国很早就有对可再生能源相关的项目或产业的经济激励政策，为各种可再生能源的开发建设提供补贴。如在 20 世纪 80 年代，开始将新型可再生能源技术列入国家重点科技攻关计划，由中央政府拨付资金；1986 年国家经济委员会印发《关于加强农村能源建设的通知》，设立农村能源专项贴息贷款，由中央财政出资，按商业银行利率的 50% 对可再生能源项目提供补贴，其中包括小型风力机制造、风电厂建设、光伏电池生产线、太阳能热水器生产等项目；1989 年水利部颁布《地方中小水电建设与管理暂行办法》等。自 1990 年以来，国家开始制定可再生能源发展规划，并通过财政拨款、项目补贴等多种方式资助可再生能源的研发，通过贴息贷款、税收优惠等方式促进可再生能源的产业化。《中国新能源和可再生能源发展纲要（1996～2010）》中明确提出："国家给予新能源生产或使用者减免税的优惠政策，鼓励多生产新能源产品和尽可能采用新能源，以节约化石能源，改善环境条件，综合利用废弃物。"1994 年原国家电力部出台了鼓励大型风力发电系统联网的规定——《风力发电场并网运行管理规定》。1998 年 1 月，我国对风电设备给予了减免进口关税的优惠。1999 年原国家计委、科技部报国务院批准，颁布了

《关于进一步支持新能源与可再生能源发展有关问题的通知》，为新能源和可再生能源提供优惠的基建贷款。

二、我国可再生能源经济激励现状及存在的问题

（一）经济激励在我国可再生能源立法和政策中的体现

总体来说，根据现有可再生能源立法和政策的规定，发展可再生能源的经济激励，从激励的方式或者手段来说，包括可再生能源发展基金、财政贴息贷款和税收优惠这三种；从激励的技术对象上，分为对太阳能、风能、生物质能、海洋能等技术种类的激励；从产业链的各环节分析，分设备制造业（比如风电设备、光伏设备）、资源生产企业（比如秸秆加工）、终端用户；从行业划分来看，分为发电（小水电、风电、生物质发电等）、加热和制冷、交通运输、建筑、农村/离网能源服务等行业。与可再生能源经济激励相关的现行立法和政策规定主要有以下一些：

1. 《可再生能源法》相关规定

2005 年颁布的《可再生能源法》就开始设专章（第六章"经济激励与监督措施"）对经济激励作了规定，其中第 24 条规定设立可再生能源发展专项资金，用于扶持可再生能源的研发和电力系统建设等；第 25 条规定，对列入国家可再生能源产业发展指导目录、符合信贷条件的可再生能源开发利用项目，金融机构可以提供有财政贴息的优惠贷款；第 26 条规定，对列入可再生能源产业发展指导目录的项目给予税收优惠。虽然仅有第 24~26 条直接规定，但是大致勾勒出了我国推动可再生能源所用的经济激励手段，即专项资金、财政贴息贷款和税收优惠这三种形式。2009 年修订后的《可再生

能源法》仍然在第六章规定"经济激励与监督措施"〔1〕但增加了可再生能源发展基金的规定，其资金来源除了包括专项资金外，还将可再生能源电价附加收入纳入其中，因此来源相对更广；基金除了应用于以往的可再生能源专项资金的用途外，还可以用于弥补电网企业为收购可再生能源电量而高于常规电力的接网费用等。

2. 政府部门规章

目前国务院各有关部门已经制定了多项有关可再生能源经济激励政策的部门规章，主要有：

（1）可再生能源发展基金或者专项资金征收和使用方面。第一，总体性规定：《可再生能源发展专项资金管理暂行办法》（财政部于 2006 年 5 月 30 日颁发），作为该办法的配套文件，财政部和建设部又在 2006 年 9 月 4 日联合印发了《可再生能源建筑应用专项资金管理暂行办法》；财政部、住房和城乡建设部于 2009 年颁布了《太阳能光电建筑应用财政补助资金管理暂行办法》（财建〔2009〕129 号），对城市光电建筑一体化应用、农村及偏远地区建筑光电利用等给予定

---

〔1〕 修订后的《可再生能源法》第24条规定，国家财政设立可再生能源发展基金，资金来源包括国家财政年度安排的专项资金和依法征收的可再生能源电价附加收入。可再生能源发展基金用于补偿本法第20条、第22条规定的差额费用，并用于支持以下事项：①可再生能源开发利用的科学技术研究、标准制定和示范工程；②农村、牧区的可再生能源利用项目；③偏远地区和海岛可再生能源独立电力系统建设；④可再生能源的资源勘查、评价和相关信息系统建设。

额补助，并优先支持并网式太阳能光电建筑应用项目。[1]但
是，由于城乡建筑光伏发电系统的上网电价政策尚不明确，
该项补贴政策的实施进程也十分缓慢。此外，财政部、国家
发改委、国家能源局又颁布了《〈可再生能源发展基金征收
使用管理暂行办法〉的通知》（财综〔2011〕115号）。

　　第二，可再生能源发电方面：《可再生能源法》刚颁布
不久，国家发改委就颁布了《可再生能源发电价格和费用分
摊管理试行办法》，在明确可再生能源的发电价格标准的同
时，也对可再生能源的价格补贴进行了规定，如第7条规定，
"补贴电价标准为每千瓦时0.25元……"；2008年以来又增
加了0.10元/千瓦时的临时补贴。此外，财政部、国家发改
委、国家能源局至今共公布了五批《可再生能源电价附加资
金补助目录》[2]；从2008年开始一直到2012年国家发改委、
国家电监会共发布了五批《可再生能源电价补贴和配额交易

　　〔1〕　关于可再生能源在建筑领域的应用还有不少更具体的规定，主要有：
财政部、住房和城乡建设部《关于印发加快推进农村地区可再生能源建筑应用
的实施方案的通知》（财建〔2009〕306号）；财政部、住房和城乡建设部《可
再生能源建筑应用城市示范实施方案》（财建〔2009〕305号）；财政部、住房
和城乡建设部《关于加强可再生能源建筑应用示范后续工作及预算执行管理的
通知》（财建〔2010〕484号）；财政部、住房和城乡建设部《关于加强可再生
能源建筑应用城市示范和农村地区县级示范管理的通知》（财建〔2010〕455
号）；财政部、住房和城乡建设部《关于进一步推进可再生能源建筑应用的通
知》（财建〔2011〕61号）；财政部、住房和城乡建设部《关于完善可再生能源
建筑应用政策及调整资金分配管理方式的通知》（财建〔2012〕604号）。
　　〔2〕　从2012年财政部、国家发改委、国家能源局《关于公布可再生能源
电价附加资金补助目录（第一批）的通知》（财建〔2012〕344号）至2014年
《关于公布可再生能源电价附加资金补助目录（第五批）的通知》（财建〔2014〕
489号）这五批目录。

方案》[1]；财政部、国家发改委、国家能源局《可再生能源电价附加补助资金管理暂行办法》（财建〔2012〕102号）；财政部《可再生能源电价附加有关会计处理规定》（财会〔2012〕24号）；国家发改委《关于调整可再生能源电价附加标准与环保电价有关事项的通知》（发改价格〔2013〕1651号）；财政部《关于调整可再生能源电价附加征收标准的通知》（财综〔2013〕89号）；财政部《关于分布式光伏发电实行按照电量补贴政策等有关问题的通知》（财建〔2013〕390号）；国家发改委《分布式发电管理暂行办法》（发改能源〔2013〕1381号）；财政部、水利部《农村水电增效扩容改造财政补助资金管理暂行办法》（财建〔2011〕380号）；国家发改委《〈关于生物质发电项目建设管理〉的通知》（发改能源〔2010〕1803号）；国家发改委《可再生能源发电有关管理规定》（发改能源〔2006〕13号）；国家电力监管委员会《电网企业全额收购可再生能源电量监管办法》（国家电力监管委员会令第25号）；国家发改委《关于印发〈可再生能源电价附加收入调配暂行办法〉的通知》（发改价格〔2007〕44号）；财政部在2008年颁布《风力发电设备产业化专项资金管理暂行办法》（财建〔2008〕476号），对满足

---

〔1〕 政策性文件主要有：国家发改委、国家电监会《关于可再生能源电价补贴和配额交易方案（2010年10月～2011年4月）的通知》（发改价格〔2012〕3762号）、《关于2010年1～9月可再生能源电价补贴和配额交易方案的通知》（发改价格〔2011〕122号）、《关于2009年7～12月可再生能源电价补贴和配额交易方案的通知》（发改价格〔2010〕1894号）、《关于2009年1～6月可再生能源电价补贴和配额交易方案的通知》（发改价格〔2009〕3217号）、《关于2007年10月～2008年6月可再生能源电价补贴和配额交易方案的通知》（发改价格〔2008〕3052号）。

支持条件企业的首 50 台风电机组，按 600 元/千瓦的标准予以补助，其中整机制造企业和关键零部件制造企业各占 50%。

第三，可再生能源多种开发形式的资金扶持方面：2008年 10 月，财政部《秸秆能源化利用补助资金管理暂行办法》（财建〔2008〕735 号）规定采取综合性补助方式，支持开展收集秸秆、秸秆成型燃料生产、秸秆气化、秸秆干馏等能源化利用活动。财政部《生物能源和生物化工非粮引导奖励资金管理暂行办法》（财建〔2007〕282 号）。财政部、国家海洋局《海洋可再生能源专项资金管理暂行办法》（财建〔2010〕171 号）。国家能源局、财政部、国土资源部、住房和城乡建设部《关于促进地热能开发利用的指导意见》（国能新能〔2013〕48 号）。财政部《绿色能源示范县建设补助资金管理暂行办法》（财建〔2011〕113 号）等。

（2）税收优惠方面。在前述的政府部门规章中有零星的一些规定，但不具体。目前没有关于税收优惠的专门部门规章，仅有个别的政策规定。如财政部等部门《关于发展生物能源和生物化工财税扶持政策的实施意见》（财建〔2006〕702 号）；财政部等五个部委 2006 年联合下发了《关于发展生物能源和生物化工财税扶持政策的实施意见》。

（3）专项工程方面。2009 年 7 月，财政部等部门发布《关于实施金太阳示范工程的通知》，决定综合采取财政补助、科技支持和市场拉动方式，加快国内光伏发电的产业化和规模化发展。其中，并网光伏发电项目原则上按光伏发电系统及其配套输配电工程总投资的 50% 给予补助，偏远无电地区的独立光伏发电系统按总投资的 70% 给予补助。随后又颁布了一系列文件通知。[1]

3. 地方性立法规范

云南省财政厅、省经委发布《云南省可再生能源发展专项资金管理暂行办法》（云财企〔2007〕253号）；北京市发改委和住建委发布《北京市太阳能热水系统项目补助资金管理暂行办法》（京发改〔2010〕525号）。有关地热能方面各地制定了不少地方规定，如北京市各个政府部门共同发布的《关于发展热泵系统的指导意见》（2006年5月发布）[2]、《关于发展热泵系统的指导意见有关问题的补充通知》（2007年5月发布）[3]；沈阳市人民政府发布的《"十一五"时期

---

〔1〕 这些文件有：财政部办公厅、科学技术部办公厅、国家能源局综合司、住房和城乡建设部办公厅《关于清算2012年金太阳和光电建筑应用示范项目的通知》（财办建〔2013〕90号），财政部办公厅、科技部办公厅、住房和城乡建设部办公厅、国家能源局综合司《关于组织申报金太阳和光电建筑应用示范项目的通知》（财办建〔2012〕148号），财政部、科技部、国家能源局《关于公布2012年金太阳示范项目目录的通知》（财建〔2012〕177号），财政部、科技部、国家能源局《关于做好2012年金太阳示范工作的通知》（财建〔2012〕21号），财政部、科技部、国家能源局《关于公布2011年金太阳示范项目目录（第二批）的通知》（财建〔2011〕699号），财政部、科技部、国家能源局《关于做好2011年金太阳示范工作的通知》（财建〔2011〕380号），财政部、科技部、国家能源局《关于做好2010年金太阳集中应用示范工作的通知》（财建〔2010〕923号），财政部、科技部、住房和城乡建设部、国家能源局《关于加强金太阳示范工程和太阳能光电建筑应用示范工程建设管理的通知》（财建〔2010〕662号），财政部、科学技术部、国家能源局《关于做好金太阳示范工程实施工作的通知》（财建〔2009〕718号）。

〔2〕 由北京市发展和改革委员会、规划委员会、建设委员会、科学技术委员会、财政局、水务局、国土局、环保局这些机关共同颁布，主要对于在市辖区内建设的各类项目，供热制冷系统选用热泵系统的给予一次性补助：地（表）下水源热泵的建筑35元/平方米。

〔3〕 主要规定了申领补贴的范围、如何申领补贴。

地源热泵技术应用专项规划》（2006 年 8 月发布）、《沈阳市地源热泵系统建设应用管理办法》（2007 年 8 月 1 日发布）[1]；重庆市财政局、建设委员会发布的《重庆市可再生能源建筑应用示范工程专项补助资金管理暂行办法》（2007年 10 月 31 日发布）[2]；河北省人大常委会发布的《河北省地热资源管理条例》（2006 年 11 月 1 日公布）[3]；天津市水利局发布的《天津市地源热泵系统管理暂行规定》（2006 年 12 月 30 日公布）。

（二）可再生能源经济激励在其他领域立法和政策中的体现

1994 开始实施并于 2011 年修订的国务院《资源税暂行

---

〔1〕 该《办法》第 6 条规定，对采用地源热泵系统的项目，系统用电按优惠价收取，并免收水资源费。第 7 条规定，对采用地源热泵系统供热的区域，享受市政府给予应用燃煤供热区域的全部优惠政策。

〔2〕 该《办法》第 5 条规定，补助标准：①利用可再生能源热泵机组的空调，按机组额定制冷量每千瓦补贴人民币 800 元。②利用可再生能源的高温热泵机组，按机组额定制热量每千瓦补贴人民币 900 元。第 8 条规定，市建委、市财政局委托具备相应条件的机构对建设单位提供的购买与可再生能源建筑应用相关设备的凭据等材料进行核实，并出具核实意见。市建委、市财政局对核实情况属实的项目，在主要设备开始安装后，拨付专项补助资金的 30%。第 9 条规定，示范工程能效测评和专项验收后，市建委、市财政局根据能效测评和专项验收报告，对达到相关标准要求的项目，拨付剩余 70% 专项补助资金。对未达到相关标准和要求的项目，不予拨付剩余 70% 专项补助资金，并追回已拨付的补助资金。第 14 条规定，享受国家对可再生能源建筑应用专项资金资助的示范工程，只享受我市专项补助资金的 30%。

〔3〕 该《条例》第 20 条规定，在适合回灌的地热田内开采地热资源，采矿权人应当制定回灌方案，避免地热资源的浪费。回灌方案应当经省人民政府地质矿产行政主管部门审批，同时报水行政主管部门备案。对实施回灌的采矿权人可按回灌量减收其应缴纳的地热矿产资源补偿费。

条例》规定对在我国国内开采矿产品或者生产盐的单位和个人进行征税。该条例主要针对原油、煤炭、天然气等传统资源的开采进行征税，并规定了税目税率表（见下表）。为实施该条例，财政部、国家税务总局等税务部门发布了一系列的部门规章和文件通知，对资源税各具体税目、征收标准、具体税率征收及变更等作了规定。对传统能源的开采征税增加了其开采成本，相对提高了可再生能源的竞争能力。

资源税税目税率表

税　目		税　率
一、原油		销售额的 5% ~ 10%
二、天然气		销售额的 5% ~ 10%
三、煤炭	焦煤	每吨 8 ~ 20 元
	其他煤炭	每吨 0.3 ~ 5 元
四、其他非金属矿原矿	普通非金属矿原矿	每吨或者每立方米 0.5 ~ 20 元
	贵重非金属矿原矿	每千克或者每克拉 0.5 ~ 20 元
五、黑色金属矿原矿		每吨 2 ~ 30 元
六、有色金属矿原矿	稀土矿	每吨 0.4 ~ 60 元
	其他有色金属矿原矿	每吨 0.4 ~ 30 元
七、盐	固体盐	每吨 10 ~ 60 元
	液体盐	每吨 2 ~ 10 元

（三）我国可再生能源经济激励相关制度和立法存在的问题

通过以上梳理，可以看出我国通过立法和政策对可再生能源经济激励明确规定了具体方式和支持措施，但是总体来说还是存在不少问题，表现在：

1. 《可再生能源法》相关内容可操作性不强

《可再生能源法》设专章（第六章"经济激励与监督措施"）对经济激励作出规定，但却仅有寥寥三条原则性规定，明显缺乏可操作性。这一方面与我国的立法传统有关，即我国是成文法国家，立法内容往往具有较强的系统性和原则性，但是欠缺可操作性，这就需要出台配套法规或实施细则，就《可再生能源法》中的相关内容制定更加明确具体的规范。另一方面，可再生能源产业作为朝阳产业，国家为推动其发展而开展的经济激励措施如开展财政贴息支持、税收优惠措施，需要中央政府征求多部门的意见以及地方政府的配合，要经过一段时间的论证才能完成。

2. 配套法规或实施细则缺位

可再生能源开发企业尤其是风电、太阳能发电等企业的前期投资比较大，一些中小企业在项目建设初期往往会面临资金短缺的问题，为其提供便捷的贷款途径、贷款利率优惠或税收优惠就显得尤为重要。《可再生能源法》第25条规定，"对列入国家可再生能源产业发展指导目录、符合信贷条件的可再生能源开发利用项目，金融机构可以提供有财政贴息的优惠贷款。"按照该条规定，可再生能源开发利用项目享受财政贴息贷款需要具备两个条件：一是项目需要列入国家可再生能源产业发展指导目录；二是符合信贷条件。

2005 年国家发改委公布了《可再生能源产业发展指导目录》，对于列入该目录并且又符合信贷条件的项目，理论上金融机构应该给予财政贴息贷款，但《可再生能源法》出台后尚未制定相关的实施细则或管理办法。[1]同样，《可再生能源法》第 26 条规定，"国家对列入可再生能源产业发展指导目录的项目给予税收优惠。具体办法由国务院规定。"但目前仍然没有出台针对可再生能源税收优惠的实施细则或管理办法，这些项目也就无法享受到国家的税收优惠，从而极大影响了《可再生能源法》的执行效果，不利于可再生能源投资商或开发商了解掌握我国的相关立法和政策，影响其投资热情和信心。

导致相关配套法规或实施细则缺失的原因之一可能是财政贴息贷款和税收优惠涉及金融机构、工商、税务等单位和政府部门，立法过程中需要政府从中协调与推动，所以耗时费力，但笔者认为从 2009 年《可再生能源法》出台至今仍然没有制定与此相关的配套法规或实施细则，最根本的原因是政府对可再生能源项目的财政支持力度不足。

3. 地方立法发展不均衡

目前我国有些省级政府出台了可再生能源经济激励相关的立法或其他规范性文件，但大多数省级政府还没有相关立法；各地零星出台的地方性立法往往是根据当地资源情况针

---

〔1〕 笔者对个别可再生能源行业调研后发现，在没有明确的实施细则或管理办法的前提下，实践中这些可再生能源项目很难享受到税收优惠和贷款利息优惠。参见李艳芳、岳小花："我国生物质发电行业存在的问题及对策"，载《中国地质大学学报（社会科学版）》2009 年第 2 期。

对开发个别可再生能源技术而制定，因而地方立法发展不均衡。这很大程度上是由于发展可再生能源主要依靠中央政府的财政支持，地方相应没有制定有关财政激励或金融支持的现实需求；另外，一些传统能源大省受诸多因素影响往往忽视对可再生能源的开发，对可再生能源产业进行经济激励就更为勉强，因而立法的推动力明显不足。

4. 对传统能源的征税力度较小

我国《资源税暂行条例》仅规定了对传统能源开采环节进行征税，没有对其利用环节征税。立法仅考虑到传统能源资源的有限性和不可再生性的特点，以达到"节流"的目的。但是传统能源在开发和利用中产生的二氧化碳及污染气体外部性危害效应是巨大的。只有改变不合理的税收政策，解决外部性内部化的问题，使得化石能源的负外部性、可再生能源的正外部性内部化，提高传统能源资源的开发使用成本，可再生能源才能与化石能源开展公平竞争，从而推动可再生能源的发展。在当今应对气候变化和能源短缺的背景下，应该尽快使这种外部性效应内部化，征收碳税[1]就是其中一种有力手段。而我国目前可能受现有经济水平、纳税主体承受能力以及国际竞争力等因素的影响，还没有征收碳税，从

---

〔1〕 碳税（Carbon Tax）是指针对二氧化碳排放所征收的税。它以环境保护为目的，希望通过削减二氧化碳排放来减缓全球变暖。碳税通过对燃煤和石油下游的汽油、航空燃油、天然气等化石燃料产品，按其碳含量的比例征税来减少化石燃料消耗和二氧化碳排放。参见碳税（百度百科），http：//baike.baidu. com/link? url = Xr5StwIVLcBIbqBb0w5vOT4_ TuKo20VsDlAwlDnGa6AvVRO3Edo2HZfxfxzahgH－1lNbFoAYz_ P－jpIAeJcOA_ ，最后访问时间：2015 年 1 月 8日。

推动可再生能源发展的角度来看，确是不足之处。

三、可再生能源经济激励制度和立法的国际经验

由于在制度政策环境、资源禀赋状况、技术发展阶段和市场发展水平等方面存在差异，各国支持可再生能源产业发展的具体经济激励政策也各有特点。截止到 2014 年年初，在全球 138 个被统计的国家中有 128 个国家有可再生能源经济激励政策，这些经济激励政策包括资本补贴或回扣（Capital Subsidy or Rebate），投资或生产税收减免（Investment or Production Tax Credits），销售税、能源税、二氧化碳税、增值税或其他税收减征（Reductions in sales, energy, CO_2, VAT, or other taxes），能源生产支付（Energy Production Payment），公共投资、贷款或拨款（Public investment, loans, or grants），其中最普遍应用的经济激励政策是对化石能源征收碳税，可再生能源销售税、增值税或其他税收减征或免征政策。[1]

总的看来，目前最直接有效的可再生能源经济激励政策是正向的激励政策，主要针对具有发展潜力、能大规模发展但又刚刚进入产业化和商业化发展阶段的现代风电、太阳能和生物质能利用领域。欧盟、美国和日本等领先国家和地区

---

〔1〕 没有经济激励政策的国家是亚美尼亚、乌兹别克斯坦、蒙古、克罗地亚、塔吉克斯坦、马尔代夫、津巴布韦、圣卢西亚、科威特、马其顿。报告中按照收入高低划分了 43 个高收入国家、41 个中等偏上收入国家、30 个中等偏下国家和 24 个低收入国家，虽然这 10 个国家在前述各个层次都有分布，但在中等偏下收入和低收入国家中占了大多数。参见 Janet L. Sawin, Freyr Sverrisson, "Renewables 2014 Global Status Report", *Renewable Energy Policy Network for the 21st Century*, 6 June 2014, pp. 89 ~ 92.

都制定实施了研发资助、投资补贴、税收减免、保护价格等经济激励政策。这些经济激励政策主要有：①资金补贴、拨款或回扣。该组财政政策由政府对可再生能源投资项目进行一次性付款以弥补可再生能源开发高于常规能源开发的资金成本，如资本补助金（capital grants）、第三方融资（third - party finance）。②税收激励。首先，对可再生能源实行的税收优惠，如投资税收减免（investment tax credits）、财产税豁免（property tax exemptions）、生产税收减免（production tax credits）、销售税退税（sales tax rebates）、消费税免征（excise tax exemptions）等等；其次，对化石能源征税，从而可以提高可再生能源的竞争力，使其对环境或能源安全的外部影响内部化。③能源生产补偿。该措施是政府直接根据所生产的可再生能源给予补偿。此外，一些国家还成立了专门的基金来扶持可再生能源的发展。下面将对国外的可再生能源经济激励政策进行具体阐述：

（一）税收支持

1. 对非可再生能源征税，间接推动可再生能源发展

只有改变不合理的财税补贴政策，正确解决外部性内部化的问题，使得化石能源的负外部性、可再生能源的正外部性内部化，可再生能源才能与化石能源开展公平竞争，从而推动可再生能源的发展。世界上很多国家自20世纪90年代以来就已开始设立了二氧化碳排放税。如意大利在1998年引进了"碳税"，从1999年1月1日起开始对染料厂所用的碳、

石油焦和奥里油征收碳税。[1] 1991 年，挪威开始对所有二氧化碳排放的 65% 征收碳税。英国于 2001 年开始气候变化征税（Climate Change Levy，CCL），主要在电力、煤炭、天然气、液化石油气等出售给商业和公用部门的环节上征税，可再生能源免征气候变化税，该税于 2001 年 4 月 1 日开始实施，是全国性税种，针对工商业和公共部门使用的燃料（为加热、照明或动能而消耗的电力、天然气、固体燃料或者液化石油气等）征收税费；目前气候变化税针对电力的税率是 0.0047 英镑每千瓦时，自 2011 年 4 月起将升至 0.004 85 英镑。[2] 芬兰早在 1990 年就推出了二氧化碳附加税，这一税种的税率由每吨二氧化碳征收 1.12 欧元逐年增加到了如今的 20 欧元。瑞典于 1991 年开始对化石能源征收二氧化碳排放税，但生物燃料以及泥煤可享受免税。它的征收税率由最早的每吨二氧化碳 25 欧元增加到了如今的每吨 120 欧元。爱尔兰的二氧化碳排放税是 2010 年开始实施的。丹麦、挪威和瑞士也都设立了二氧化碳排放税。澳大利亚也于 2012 年开始实施了二氧化碳排放税。加拿大一些省以及美国的一些地方政府也实施了二氧化碳排放税。[3]

2. 针对可再生能源的税收优惠

为了支持可再生能源的开发利用，美国政府采取了一系

---

〔1〕 Daniele Pilla, "Italy: Renewable Energy—The Promotion of Electricity from Renewable Energy Sources", *I. E. L. T. R.*, 10（2007），pp. 211~215.

〔2〕 "低碳知识——气候变化税"，载城市低碳经济网，最后访问时间：2012 年 9 月 3 日。

〔3〕 "多国已开征'碳税'"，载新华国际，最后访问时间：2013 年 8 月 25 日。

列行之有效的政策措施。联邦政府对可再生能源发展的税收优惠政策主要是投资税抵免（ITC）和生产税抵免（PTC）两类。1978 年美国《能源税收法》规定，购买太阳能发电和风力发电设备的房屋所有人，其所付金额中起始的 2000 美元的 30% 和其后 8000 美元的 20%，可从当年缴纳的所得税中抵扣；对于投资太阳能、风能、潮汐发电和地热发电技术的投资者和开发商，其投资总额的 25% 可以从当年的联邦所得税中抵扣。1992 年美国《能源政策法》规定了可再生能源生产税收抵免，其内容是风力发电和生物质能发电企业自投产之日起 10 年内，每生产 1 KWh 的电量可享受从当年的个人或企业所得税中免交 1.95 美分的待遇。企业用太阳能发电和地热发电的投资可以永久享受 10% 的抵税优惠。后又将这种税收优惠范围扩大到生物质能和氢能。[1]美国《2005 年国家能源政策法》（National Energy Policy Act 2005）对税收优惠又有进一步规定，主要包括：扩展了可再生能源生产税收减免政策（PTC）的适用范围，除了风能和生物能源外，也将地热能、小规模发电机组、废物堆沼气和垃圾燃烧设施纳入该种税收优惠的适用范围；并授权政府机构、合作制电力企业等组织可以发行"清洁可再生能源债券"（Clean Renewable Energy Bonds）用来融资购置可再生能源设施。[2] 2009 年年初，美国对风电的生产税抵免延长至 2012 年，并对生

---

〔1〕 周篁："美国可再生能源和节能情况考察"，载《中国能源》2006 年第 12 期。

〔2〕 See Ryan Wisera, Ole Langniss, "The Renewables Portfolio Standard in Texas：An Early Assessment"，载 http：//eetd. lbl. gov/EA/EMP/，最后访问时间：2009 年 12 月 10 日。

物、地热、水力和海洋技术延长至 2013 年。生产税收抵免最初于 1992 年开始实施，开始时是 1.5 美分/千瓦时，到 2009 年，因考虑到通货膨胀的因素而调整到 2.1 美分/千瓦时。[1] 除了美国联邦层次的经济激励外，美国许多州通过企业税、所得税、财产税或者销售税等税收刺激（tax incentives）降低企业成本从而鼓励企业从事可再生能源的开发利用，如有些州为集中和分散的风能系统提供投资税收减免（Investment Tax Credits），有些州采用销售税（Sales Tax）优惠，即对销售的可再生能源设备免征或者减少收税，还有的州采取财产税减征（Property Tax Reduction）的方式刺激可再生能源的利用。《马里兰清洁能源激励法案（2000）》(The Maryland Clean Energy Incentive Act 2000）规定了一系列针对马里兰州居民和工业单位的有关能效和可再生能源产品和服务的激励政策，比如规定电动和混合动力电动汽车适用消费税减免，而对安装太阳能光伏系统的用户，可依其申请批准其 15% 的所得税减免；对使用生物燃料，如木材纤维素的副产品和鸡粪等发电的用户可授予其信用或证书奖励。这些税收优惠措施有助于使可再生能源新技术迅速进入市场，并不断扩大产业规模，有效解决了可再生能源新技术发展初期投资大、成本高、经济性差等问题。

印度为可再生能源提供的税收优惠，包括免除或减少消费税（excise duty），免除中央销售税（central sales tax），可再生能源项目的材料、组件和设备的进口关税优惠等，并有

---

〔1〕 "Renewables 2010 Global Status Report"，*Renewable Energy Policy Network for the 21st Century*，p. 40.

专门针对风电项目的加速折旧和十年期的所得税豁免。[1] 印度尼西亚 2010 年早期开始对可再生能源设施规定 5% 的优惠。菲律宾 2009 年新实行了一个针对可再生能源的七年所得税豁免和零增值税税率。另外，许多国家已经减少了对可再生能源设备的进口税，如韩国 2009 年宣布减少 50% 的设备进口税。[2]

巴西从 1982 年至今一直对生物乙醇燃料汽车减征 5% 的工业产品税。2002 年，美国参议院提出了包括生物柴油在内的能源减税计划，生物柴油享受与乙醇燃料同样的减税政策。

法国从 2005 年开始，对可再生能源发电设备或相关设施实施 40% 的税收抵免，2006 年之后，税收抵免提高到 50%。[3]

德国对乙醇、植物油燃料免税，对生物柴油每升仅征收 9 欧分的税费，相比之下，汽油则每升征收 45 欧分的税费。[4]

（二）金融支持

可再生能源发展初期，由于投入成本往往较高，因此除了国家提供的税收优惠外，金融融资支持也非常重要。

1. 优惠贷款

低息或贴息贷款制度，可以减轻企业还本付息的负担，

---

〔1〕 Suresh P. Prabhu, "Green Power in India", in Suresh P. Prabhu, *Green Power Markets*: *Support Schemes*, *Case Studies and Perspectives* (Volume Ⅱ), Multi – Science Publishing Co. , Ltd. , 2007, pp. 433 ~ 446.

〔2〕 "Renewables 2010 Global Status Report", *Renewable Energy Policy Network for the 21st Century*, p. 40.

〔3〕 张勇编：《能源资源法律制度研究》，中国时代经济出版社 2008 年版，第 11 页。

〔4〕 郑玲惠、张硕新、王莹："国外发展生物质能政策措施对中国的启示"，载《商场现代化》2009 年第 6 期。

有利于降低生产成本。德国于 1990 年制定的《电力输送法》
规定了大用户使用风能、太阳能、水力以及生物质能生产的
电力享受电价优惠的同时，对投资可再生能源的企业还提供
贷款优惠。目前德国对风电项目和光伏发电项目正在实施低
利率贷款政策，利率从 2.5% ~ 5.1% 不等。[1] 通过该法所制
定的一系列优惠和保障制度，德国的可再生能源产业迅猛发
展，风能装机总能力居世界前列，太阳能电池产量也在国际
市场居领导地位。[2]

印度非传统能源资源部为可再生能源投资提供利息补贴，
此外印度可再生能源发展办事处（Indian Renewable Energy
Development Agency）、国有银行和其他的金融机构等也会为
特定的可再生能源技术或项目提供优惠贷款（soft loan）。[3]
西班牙批准了 1.72 亿美元（1.25 亿欧元）的计划，为已有
建筑物的节能改造提供零利率贷款，其中也包括太阳能热利
用的改造。突尼斯将现有的针对太阳能热水器的优惠低利率
贷款延长至 2016 年，并且针对太阳能热处理系统提供 30%
的投资信用（investment credit）。巴西投资约 4.8 亿美元
（9.7 亿巴西里尔）用于为乙醇生产商提供税收抵免和乙醇生

　　〔1〕　李霞、史瑞琼："能源经济可持续发展与促进可再生能源发电法律制
度研究"，载《能源与环境》2005 年第 4 期。
　　〔2〕　张勇编著：《能源资源法律制度研究》，中国时代经济出版社 2008 年
版，第 11 页。
　　〔3〕　Suresh P. Prabhu, "Green Power in India", *in Suresh P. Prabhu*, *Green
Power Markets*: *Support Schemes*, *Case Studies and Perspectives* (Volume Ⅱ), Multi -
Science Publishing Co. , Ltd. , 2007, pp. 433 ~ 446.

产商低息贷款。[1]

2. 国际银行投资

来自公共部门和发展银行的投资也大大促进了可再生能源的发展，尤其是来自欧洲、亚洲和南美洲的银行。欧洲投资银行和巴西发展银行就是有名的例子。许多发展银行已经增加了有关可再生能源的资助和现金投入。这些现金投入到2009 年已经达到50 亿美元，而2008 年仅20 亿美元。最大的资金提供者是世界银行、德国复兴信贷银行、美洲开发银行。很多其他发展机构也在通过提供越来越多的贷款、拨款和技术支持来促进可再生能源的发展。[2]

3. 政府投资

许多国家、州和省已经建立了专门的可再生能源基金用于直接资助投资可再生能源项目和与此相关的工作，为可再生能源市场发展提供方便，如研究、教育和标准。加拿大投资 10 亿加元用于建立清洁能源基金来进行项目的论证、研究和发展。菲律宾在 2009 年建立了一个 20 亿美元的基金用来支持 65 个以上项目的发展，涵盖了各种可再生能源技术。2009 年建立可再生能源发展基金的国家还包括孟加拉国（由中央银行提供约 2900 万美元）和约旦。[3] 2013 年和 2014 年

---

〔1〕 See Janet L. Sawin, Freyr Sverrisson, "Renewables 2014 Global Status Report", *Renewable Energy Policy Network for the 21st Century*, 6 June 2014, p. 85.

〔2〕 "Renewables 2010 Global Status Report", *Renewable Energy Policy Network for the 21st Century*, p. 9.

〔3〕 "Renewables 2010 Global Status Report", *Renewable Energy Policy Network for the 21st Century*, pp. 40~41.

年初，伊朗设立了一个基金来支持可再生能源发电项目。[1]

印度可再生能源发展办事处自 1987 年成立初期以来已经资助了 10 亿美元的可再生能源项目。作为新能源和可再生能源（Ministry of New and Renewable Energy）下属的国家所有的公司，其提供可再生能源项目的规模最少有 20 万美元，最多有 2500 万美元。这些资金能占到所资助的项目总投资的 80%。通过贷款、鼓励投资及与国际上的其他合作者进行合作，如世界银行，可再生能源发展办事处大大地推动了印度可再生能源的发展。[2]

此外，英国还建立了环境转型基金（Environmental Transformation Fund）用于发展可再生能源项目，或对相关项目进行补贴。

（三）直接补贴

类似于我国的可再生能源发展基金。其分为三种：一是对投资者进行补贴。德国对风力发电投资补贴即属此类。二是产出补贴，即根据可再生能源设备的产品产量进行补贴。美国、丹麦、印度等国确立了这一制度。三是对消费者（即用户）进行补贴。德国、美国加州对购买光伏发电系统的用户便采取了类似的鼓励措施。[3]

英国能源和气候变化部为加快低碳能源的发展，对可再

---

〔1〕 See Janet L. Sawin, Freyr Sverrisson, "Renewables 2014 Global Status Report", *Renewable Energy Policy Network for the 21st Century*, 6 June 2014, p. 82.

〔2〕 "Public Investment, Loans or Grants", *Renewable Energy Policy Network for the 21st Century*.

〔3〕 李霞、史瑞琼："能源经济可持续发展与促进可再生能源发电法律制度研究"，载《能源与环境》2005 年第 4 期。

生能源给予补贴。1992 年美国的《能源政策法》所规定的可再生能源生产补助的内容是通过国会年度拨款到免税公共事业单位、地方政府和农村经营的可再生能源发电企业，每生产 1KWh 的电量补助 1.5 美分。[1] 美国的许多州包括德克萨斯州在内也对可再生能源项目进行财政补贴。

瑞典从 1975 年开始，每年从政府预算中支出 3600 万欧元，用于生物质燃烧和转换技术研发及商业化前期技术的示范项目补贴。丹麦从 1981 年起，制定了每年给予生物质能生产企业 400 万欧元的补贴计划，这一计划使目前丹麦生物质能发电的上网电价相当于每千瓦时 8 欧分，大大降低了生物质能发电的发电成本。意大利从 1991 年到 1995 年，对生物质利用项目提供了 30% ~40% 的投资补贴。印度提供用于生产风力发电的每千瓦时 0.50 卢比的补贴。[2]

四、我国可再生能源经济激励措施和立法的完善建议

通过对国外可再生能源经济激励立法及措施进行梳理可知，国外不少国家的经济激励相关立法内容更明确、具体，可操作性较强；经济激励措施更灵活，比如开征碳税、各种形式的税收优惠、金融优惠等。我们可以借鉴国外相关经验，进一步完善我国可再生能源经济激励措施和立法规范，主要从以下几个方面入手：

---

〔1〕 周筼："美国可再生能源和节能情况考察"，载《中国能源》2006 年第 12 期。

〔2〕 "Renewables 2010 Global Status Report"，*Renewable Energy Policy Network for the 21st Century*, p. 40.

1. 完善《可再生能源法》，尽快出台配套法规

完善《可再生能源法》有关经济激励的内容，使之更具有可操作性。首先，立法条文应尽量明确、详细，比如明确实施经济激励的责任主体、激励措施及对象范围、时效、财政拨款比例等。其次，在政策层面先探索灵活多样的经济激励形式，待这些经济激励措施比较成熟后可在立法中加以规定。

尽快制定可再生能源税收优惠相关实施细则，对税收优惠的种类、适用范围和幅度等作出具体的规定；制定可再生能源金融支持相关实施细则，除了政府贴息贷款外，可以在贷款申请条件放宽、还贷期限延长、贷款额度增加等方面作出规定，另外还可以规定发放政府可再生能源债券等灵活多样的融资渠道，积极吸引国外资本和民间资本投资可再生能源行业。

2. 加强地方性立法

可再生能源具有很强的属地性特征，我国幅员辽阔，各地自然资源禀赋不同，各地应该根据自身情况对可再生能源立法中的经济激励措施进行重点规范，具备条件的地方可以专门出台可再生能源经济激励相关立法规范，以引导当地可再生能源的开发利用。

3. 提高财政支持力度、加强与金融机构的协调

经济激励，尤其是可再生能源发展基金需要消耗国家的财政力量。对可再生能源的财政支持力度取决于一国的经济实力和重视程度。我国应该继续加大财政支持力度，以巩固可再生能源开发成果，进一步推动其继续发展。

政府贴息贷款，是依靠行政力量要求金融系统提供贷款和利率优惠。这就需要金融系统的配合和支持，国家应该进

一步加强与金融机构的协调，推动金融机构间的合作，为可再生能源行业提供低息贷款或者降低贷款标准等优惠创造条件，降低其开发成本。

4. 尽快开征碳税

对传统能源项目和相关行业征收碳税除了对低碳排放或零碳排放的可再生能源产业形成有力的激励外，还能减少传统能源浪费、提高能效，从而推动低碳发展。从国外开征碳税的历史和现状来看，开征碳税是当今应对气候变化、缓解能源短缺而采取的必要措施之一，是大势所趋。因此，我国政府可以在全面分析其可行性及必要性后，择时开征碳税。

第二节　全额保障性收购和费用分摊制度

可再生能源发电离不开电网接纳和支持，修订后的《可再生能源法》规定的全额保障性收购制度就是为了保障可再生能源发电的强制入网；另外费用分摊制度对可再生能源发电也是一种价格上的激励和保障。具体分析如下：

一、全额保障性收购制度

2005 年颁布的《可再生能源法》在第 14 条中规定了对可再生能源发电实行强制性上网的制度[1]，2009 年修订后

---

〔1〕 2005 年颁布的《可再生能源法》第 14 条规定，电网企业应当与依法取得行政许可或者报送备案的可再生能源发电企业签订并网协议，全额收购其电网覆盖范围内可再生能源并网发电项目的上网电量，并为可再生能源发电提供上网服务。

的《可再生能源法》第 14 条除了保留强制上网的规定外，进一步强调实行全额保障性收购制度。[1] 并在第 13 条规定，"国家鼓励和支持可再生能源并网发电"。第 29 条规定，"违反本法第 14 条规定，电网企业未全额收购可再生能源电量，造成可再生能源发电企业经济损失的，应当承担赔偿责任，并由国家电力监管机构责令限期改正；拒不改正的，处以可再生能源发电企业经济损失额一倍以下的罚款。"另外，《可再生能源发电有关管理规定》（第三章第 10～12 条）对可再生能源发电结网系统的建设责任和产权问题作了明确规定。

强化电网企业规划和建设配套电网设施的责任，减少或避免出现电网规划和建设滞后于可再生能源发电，从而致使可再生能源发电项目难以及时并网发电的情况发生。

国家实行可再生能源发电全额保障性收购制度，是解决我国目前可再生能源电力开发中面临的"局部饱和、全局饥饿，东西部电力负荷差异巨大"的瓶颈问题的有效手段，可督促电网公司通过解决自身的技术问题，增强接纳可再生能

---

〔1〕 2009 年修订后的《可再生能源法》第 14 条规定，国家实行可再生能源发电全额保障性收购制度。国务院能源主管部门会同国家电力监管机构和国务院财政部门，按照全国可再生能源开发利用规划，确定在规划期内应当达到的可再生能源发电量占全部发电量的比重，制定电网企业优先调度和全额收购可再生能源发电的具体办法，并由国务院能源主管部门会同国家电力监管机构在年度中督促落实。电网企业应当与按照可再生能源开发利用规划建设，依法取得行政许可或者报送备案的可再生能源发电企业签订并网协议，全额收购其电网覆盖范围内符合并网技术标准的可再生能源并网发电项目的上网电量。发电企业有义务配合电网企业保障电网安全。电网企业应当加强电网建设，扩大可再生能源电力配置范围，发展和应用智能电网、储能等技术，完善电网运行管理，提高吸纳可再生能源电力的能力，为可再生能源发电提供上网服务。

源入网的能力，以推动可再生能源发电产业的发展。可再生能源配额制度与全额保障性收购制度均是为了实现我国制定的可再生能源发展目标。

实行强制上网制度，是由可再生能源的技术和经济特性决定的。一般来说，可再生能源是间歇性的能源，电网从安全和技术角度甚至自身的经济利益出发对其有一种天然的排斥心态。在现有技术和经济核算机制条件下，大多数可再生能源的产品（例如风力发电和生物质能发电）不能与常规能源产品相竞争，即使某些可再生能源技术产品（例如小水电等）可以与常规能源相竞争，其上网还是存在着一些困难。因此实行可再生能源电力强制上网制度，是在能源销售网络实施垄断经营和特许经营的条件下，保障可再生能源产业发展的基本制度。

强制上网制度伴随我国的电力体制改革而逐渐予以确立。我国从 20 世纪 80 年代起开始实施电力体制改革，1998 年撤销原电力部，组建以国家电力公司为主的新的电力体制。电力改革的核心是打破垄断、引入竞争。我国目前正在准备进行的电力改革以"厂网分开、竞价上网"为主要内容。国家规定厂网分开后实行竞价上网，不再实行承诺电价，可再生能源电力的高电价加上间歇性电源所具有的缺点是无法具有竞争力的。在这样的改革形势下，可再生能源发电必须有新的机制。因此电力体制改革提出了实施强制上网制度的必然要求。

在实行可再生能源发电的强制上网方面，我国曾经做过一些尝试。早在 1994 年原国家电力部就明确提出了："电网管理部门应允许风电场就近上网，并收购全部上网电量，上

网电价按发电成本加还本付息、合理利润的原则确定，高出
电网平均电价部分，其价差采取均摊方式，由全网共同负
担"的原则性意见；原国家发展计划委员会和国家科技部明
确提出可再生能源发电优先上网和电网企业应当为可再生能
源上网提供方便的规定；国家在实施风力发电特许权项目中
对风力发电的上网问题也作出了明确规定：电网企业必须按
照政府确认的招标电价，全额收购风力发电企业的上网电量，
并负责风力发电场送出工程的建设。

二、费用补偿制度

在前述可再生能源经济激励制度中提到国家设立可再生
能源发展基金这种政府补贴的形式来发展可再生能源。费用
补偿是直接针对可再生能源发电而采取的更具体的经济补偿
措施，因此本节对其进行具体论述。

可再生能源的价值分为两部分：一部分是基本部分，即
可再生能源产生的能量在目前的能源市场条件下具有的价值，
与常规能源所发的电能价值相同，这部分价值体现为实际能
源交易的成本，受益者是实际的能源消费者；二是可再生能
源因其环境效益和其他社会效益而具有的价值，这部分价值
体现为可再生能源因其环境效益和其他社会效益而具有的价
值，这部分价值体现为可再生能源在生产能量时可以保持环
境清洁而具有的价值，受益者是局部地区的所有的人，甚至
是全国和全球的人。

可再生能源产业在我国尚处于产业发展的初级阶段，受
技术和成本的制约，目前除水电可以与煤炭等常规能源发电
相竞争外，其他可再生能源的开发利用成本都相对较高，还

难以与煤炭等常规能源发电技术相竞争。同时，由于可再生能源资源地理上分布不均匀，如我国风能资源主要分布在西北、华北、东北地区以及东南沿海地区，如果可再生能源发电的较高上网电价全部由当地企业和居民承担，必将制约当地积极性，从而影响可再生能源的开发利用。而且可再生能源的开发利用不仅有益某个群体或地区的人，而且造福整个社会。因此，需要全社会共同分摊，对可再生能源发电予以补偿的制度。

费用补偿制度在我国能源领域有许多具体的实践和经验。20 世纪 90 年代初，我国为建设三峡工程，采取了终端销售电价加价的方式筹集建设资金，加快了三峡工程的建设速度。2001 年国家开始实施电网改造，特别是农网改造，也采用了类似的终端销售电价加价的方式。

我国在许多新兴能源发展的初期，也采用了费用补偿的办法，消化其额外的费用，例如核电、天然气发电高出平均上网电价的费用也是在终端电价中分摊的。1994 年原国家电力部就对风力发电费用的分摊作了具体的规定，在一定程度上促进了风力发电的发展。目前政府在风力发电的定价原则中，也采用了补偿机制。

2005 年的《可再生能源法》在第五章规定了费用分摊制度，其中第 20 条规定，"电网企业依照本法第 19 条规定确定的上网电价收购可再生能源电量所发生的费用，高于按照常规能源发电平均上网电价计算所发生费用之间的差额，附加在销售电价中分摊。具体办法由国务院价格主管部门制定。"此外，还规定了其他几种可以计入分摊的费用。如第 21 条规定，"电网企业为收购可再生能源电量而支付的合理的结网费用以及其他合理的相关费用，可以计入电网企业输电成本，并从销售电价中回收。"第 22 条规定，"国家投资或者补贴建设的公共可再生能源独立电力系统的销售电价，执行同一地区分类销售电价，其合理的运行和管理费用超出销售电价的部分，依照本法第 20 条规定的办法分摊。"《可再生能源发电价格和费用分摊管理试行办法》进一步明确了可再生能源发电上网电价超出部分由全体电力用户分摊的原则，并对分摊水平、具体的征收、支出等作了规定。2009 年修订后的《可再生能源法》将"费用分摊"表述为"费用补偿"，在具体表述上相应进行了修改，如第 20 条修改为："电网企业依照本法第 19 条规定确定的上网电价收购可再生能源电量所发生的费用，高于按照常规能源发电平均上网电价计算所发生费用之间的差额，由在全国范围对销售电量征收可再生能源电价附加补偿。"第 22 条修改为："国家投资或者补贴建设的公共可再生能源独立电力系统的销售电价，执行同一地区分类销售电价，其合理的运行和管理费用超出销售电价的部分，依照本法第 20 条的规定补偿。"费用补偿制度的核心是落实公民义务和国家责任相结合的原则，要求各个地区的电力消费者相对公平地承担发展可再生能源的额外费用，促进可再生能源开发利用的大规模发展。实行费用补偿制度后，地区之间、企业之间负担公平的问题可以得到有效的解决，从而可以促进可再生能源开发利用的大规模发展。

从国际经验和我国实际情况来看，有两种费用补偿的机制：一是直接征收可再生能源发展基金，由电网公司从终端销售电价中代收一定比例的费用上缴财政设立基金，由国家直接用于支持可再生能源的发展；二是建立终端销售电价附加费制度，规定电网公司在其销售电价中按同一要求收取一定费用，专立账号，用于购买可再生能源电力。由于各地用电量和可再生能源使用量差异较大，在用电量大、可再生能源用量少的地区，每年收取的费用将大于购买可再生能源的支出；相反，在用电量小、可再生能源用量多的地方，就会出现收取的费用小于购买可再生能源支出的现象。为了解决这种收入和支出的不平衡性，达到各地公平负担发展可再生能源的费用，需建立可再生能源开发利用费用补偿制度，每年由电网公司将收取的可再生能源费用和用于收购可再生能源电力支出的费用进行统一平衡，收入大于支出的电网公司将多余部分转移支付给收入小于支出的电网公司，这样就可以解决不同地区共同分摊可再生能源开发利用费用的问题。我国《可再生能源法》基本上采用了第二种设计方案。

第三节　公众参与制度

一、绿色电力机制

（一）绿色电力机制的国际经验

绿色电力市场机制是 20 世纪 90 年代中期以后在荷兰、美国、德国、澳大利亚等国家逐步发展起来的，它是基于消费者自愿选择的一种可再生能源促进政策，由消费者直接承担可再生能源发电高于常规能源发电的费用，利用其差价鼓励新能源的发展。而可再生能源配额制度是一种基于政府强制力推动的政策。配额制度与绿色电力政策密切配合，既为可再生能源发电提供了市场需求保障，又使消费者对可再生能源电力更加充满信心，因此，二者相互配合，有助于共同完成一国或地区发展可再生能源的目标。

实行绿色电力首先要求建立绿色能源标签或绿色电力标签。绿色能源标签就是按照能源的来源将来自可再生能源的能源做出标记，从而为消费者提供购买"绿色电力"以及"绿色"燃气、热能或运输燃料的机会。绿色电力的标签，在一些国家，大多是自愿的，但一些政府强制其使用。2013年，奥地利规定供应商必须对其所供应的能源进行标签。一些国家的政府要求公用事业公司和/或电力供应商必须提供绿色电力。此外，不少国家或地方政府承诺购买可再生能源来满足自己的能源需求，但主要在地方政府层面。2013年，泰国建立了1.21亿美元（40亿泰铢）的基金鼓励各府（相当于中国的省级单位）在他们的办公大楼上开发太阳能光伏系统。在美国，2013年专门颁布一项行政命令，要求联邦政府在2020年前实现所消耗电力的20%须来自可再生能源发电。[1]

1993年美国公用电力公司设计了的第一个绿色电力项目，之后美国各州的电力公司开展了许多针对绿色电力的项目。美国设计的绿色电力项目可分为三类：第一类可称为绿色电价项目，即供电公司为来自可再生能源的绿色电力单独制定一个绿色电价，这种电价要高于常规能源所发的电力，消费者根据各自的用电量自由选择购买一个合适的绿色电力比例，每KWh收取一定的额外价格，用以补偿绿色电力的高

---

〔1〕 参见 Janet L. Sawin, Freyr Sverrisson, "Renewables 2014 Global Status Report", *Renewable Energy Policy Network for the 21st Century*, 6 June 2014, p. 86.

成本。第二类为固定费用项目，即参与绿色电力项目的用户每月向提供绿色电力的公司交纳固定费用，交纳费用的多少同用户的用电量无关，而是取决于电力公司所提供的绿色电力类型，各个项目交纳的费用不相同。第三类是对绿色电力项目的捐赠，用户不消费绿色电力，而是自由决定是否对可再生能源发电项目进行捐赠，捐赠获得的资金可以用于建设新的绿色价格项目。从实施的效果来看，目前第一类项目运行效果较好。

据统计，目前美国大约有半数零售用户能从供电商那里直接购买绿色电力产品，其中企业是购买绿色电力的大户。美国 25 家最大的绿色电力用户购买 1 年的绿色电力达 1.6×10^6KW，足够满足约 15 万所民宅当年使用可再生能源的需求。截至 2003 年，美国已经有 8 个州对零售用户实行绿色电力的竞争销售，共促成新增装机容量 694.9MW，待建装机容量 292.9MW。到 2003 年 3 月，美国已有 300 家电力公司在垄断电力市场中向用户提供绿色电力选择，促成新增装机容量 287.3MW，待建装机容量 138.5MW。目前已有 34 个州的近 600 家电力公司向用户提供绿色电力，年均销售额增长 30% 左右。[1] 绿色电力机制在美国发展比较迅速，美国的许多大公司，包括各种行业，如航空航天类公司或者食品原料类公司，都具有很强的消费绿色电力的愿望，这为绿色电力机制在美国的大发展提供了强有力的支持。2006 年美国仅有 1 亿千瓦时的绿色电力，而 2007 年已经达到 18 亿千瓦时，

---

　　[1] 严慧敏、孙君："绿色电力市场模式探讨"，载《湖北电力》2006 年（第 30 卷）第 2 期。

到 2008 年已经有超过 100 万的绿色电力消费者购买了 24 亿千瓦时的电力。目前美国有 850 个公用电力公司提供绿色价格项目。[1] 超过一半的美国电力客户可以直接从当地的电力销售公司购买绿色电力，50 个州中有 47 个州（加上哥伦比亚特区）的电力供应商提供绿色电力供消费者选择。2012年，美国总零售绿色电力销售超过 48 太瓦时（占大约 1.3% 的美国总电力销售量）。[2]

　到 2010 年，在欧洲、美国、澳大利亚、日本和加拿大有超过 600 万的绿色电力消费者。[3] 但相比美国，在大多数的欧洲国家，绿色电力的市场份额仍然很小，一般要小于 5%。荷兰是 2005 年至 2008 年的绿色电力消费的领导者，其对来自化石燃料的电力征税，并对绿色电力实行免税。荷兰规定，凡年用电量小于 10 000 度的用户购买可再生能源可免交生态税。2001 年 7 月，荷兰政府宣布提前放开绿色电力零售市场，比全面的市场放开整整提前 3 年，这意味着绿色电力零售商可以先进入电力零售市场，而用户从 2001 年 7 月开始就可以自由选择绿色电力供应商，这对绿色电力需求产生很大的推动作用。到 2002 年年底，荷兰绿色电力用户已经超过 100 万，接近电力用户总数的 14%。最多的时候在荷兰有 300 万绿色电力消费者（但到 2007 年，税收和豁免被废止后

---

　〔1〕 "Renewables 2010 Global Status Report", *Renewable Energy Policy Network for the 21st Century*, p. 44.

　〔2〕 See Janet L. Sawin, Freyr Sverrisson, "Renewables 2014 Global Status Report", *Renewable Energy Policy Network for the 21st Century*, 6 June 2014, p. 27.

　〔3〕 Janet L. Sawin, Freyr Sverrisson, "Renewables 2014 Global Status Report", *Renewable Energy Policy Network for the 21st Century*, 6 June 2014, p. 27.

绿色电力消费者的数量跌至 230 万)。德国目前已经超越荷兰成为欧洲绿色电力的领导者。2008 年,该国估计有 220 万绿色电力住宅用户(购买了 6.2 亿千瓦时)和 15 万企业客户(购买了 4.8 亿千瓦时);2011 年,居民消费者共购买了 15 太瓦时的绿色电力,企业或商业客户则比这些居民消费者多购买了 10.3 太瓦时;到 2012 年购买绿色电力的住宅用户达到 490 万,占到全国家庭的 12.5%。欧洲其他设立绿色电力市场的国家主要有奥地利、比利时(弗兰德斯)、芬兰、匈牙利、荷兰、瑞典、瑞士和英国,尽管这些国家的市场份额仍低于德国。[1]

其他国家的绿色电力机制也在不断发展。澳大利亚截止到 2010 年有 90 万个绿色电力居民消费者和 3.4 万个商业消费者,在 2008 年累计购买了 1.8 亿千瓦时的绿色电力。[2]绿色电力制度大大推动了可再生能源的发展。

(二)绿色电力机制在我国的发展

在应对气候变化、建设环境友好型社会的过程中,我国一直努力开展对清洁能源、可再生能源电力即绿色电力的使用的宣传。国内个别地区已经着手开展绿色电价机制的推广,如上海在 2005 年出台了《上海市鼓励绿色电力认购营销试行办法》,从 2006 年开始在国内率先探索实施"绿色电力认购机制",在实际操作过程中,每度绿色电力要比常规电力高

---

〔1〕 See Janet L. Sawin, Freyr Sverrisson, "Renewables 2014 Global Report", *Renewable Energy Policy Network for the 21st Century*, 6 June 2014, p. 27.

〔2〕 "Renewables 2010 Global Status Report", *Renewable Energy Policy Network for the 21st Century*, p. 45.

出 0.53 元左右。经过两年的实施，由于价格、消费者认同以及技术等各方面原因，直至 2008 年年底，绿色电力认购量仅占可供量的 13.5%[1]，绿色电力遇冷。

绿色电力机制与公民的素质、社会文化有很大关系，因此需要大力开展对可再生能源的宣传教育，提高公众对可再生能源的认识水平，从而积极参与到可再生能源的利用中来。绿色电力机制在我国还有相当长的路要走。

二、净计量政策

净计量政策，英文表述为 net metering 或者 net billing，是一种电价结算政策，支持电力在电力配电网和能自己发电的消费者之间的双向流动，要求电力公司以一定的价格从安装了可再生能源技术设备的用户手中买回多余的电力，或者从消费者总账单上扣除掉所用可再生能源发电的数量，这种政策最初主要用于屋顶太阳能光伏发电，一般用于家用的小型太阳能装置或风电装置，鼓励家用或者小型的可再生能源发电系统的开发和利用，从而逐步推动公众加强对可再生能源电力的开发利用。

截止到 2010 年净计量政策已经在 13 个国家和 43 个美国的州中推行，尤其是在屋顶太阳能光伏系统中应用较多。[2] 2013 年荷兰和丹麦在国家层面修改了净计量政策。在州或省

---

〔1〕 "上海绿色电价应该更便宜"，载 http：//finance. qq. com/a/20091210/001164. htm，最后访问时间：2009 年 12 月 10 日。

〔2〕 "Renewables 2010 Global Status Report"，*Renewable Energy Policy Network for the 21st Century Steering Committee*，p. 41.

级层面，2013 年和 2014 年年初均有新的地区开始适用净计量政策，如印度的安得拉邦、古吉拉特邦，喀拉拉邦，和北阿坎德邦开始在屋顶太阳能光伏发电系统中适用净计量政策[1]。到 2014 年年初共计有 43 个国家实施该政策。在欧洲，希腊制定了小型太阳能光伏和小规模的风力发电厂的净计量政策；拉脱维亚颁布的净计量政策刚刚于 2014 年生效；乌克兰推出了净计量方案，要求自 2014 年 1 月开始，公用事业单位必须在住宅太阳能光伏发电系统项目完成后的 5 天内将其接入电网；在中北美洲的洪都拉斯批准装机容量小于 250KW 的可再生能源发电设施适用净计量政策。此外，菲律宾采取了新的互联标准，使自 2008 年通过立法确立的净计量政策得以具体实施。[2]

大多数的净计量仅适用于小型的发电设备，但是目前越来越多的立法中允许大型的设备应用净计量政策。在美国有 20 多个州允许将净计量应用于规模为 1MW 以下的可再生能源发电设施；到 2014 年，净计量政策仍然在美国的 43 个州、华盛顿哥伦比亚特区及四地区实施。[3] 意大利将适用净计量政策的可再生能源设备规模规定为小于 20KW 的光伏发电系统。

净计量政策也被许多发展中国家采用，如坦桑尼亚和泰国。泰国是第一个采用净计量政策的发展中国家，主要鼓励对

---

〔1〕 See Janet L. Sawin, Freyr Sverrisson, "Renewables 2014 Global Status Report", *Renewable Energy Policy Network for the 21st Century*, 6 June 2014, p. 80.

〔2〕 See Janet L. Sawin, Freyr Sverrisson, "Renewables 2014 Global Status Report", *Renewable Energy Policy Network for the 21st Century*, 6 June 2014, pp. 79~80.

〔3〕 See Janet L. Sawin, Freyr Sverrisson, "Renewables 2014 Global Status Report", *Renewable Energy Policy Network for the 21st Century*, 6 June 2014, p. 80.

小规模可再生能源发电的利用，最初将规模设定为小于1MW，并强制规定国内的电力事业公司购买剩余电量，每3个月调整一次收购价格。该国的小规模可再生能源发电项目涵盖了多种能源，包括太阳能光伏和生物能源，随着实践的发展，泰国对可再生能源发电规模的规定由小于1MW扩展到小于10MW。

由于多种因素的影响，我国目前还没有开始实施净计量政策，原因可能有以下几个方面：

第一，技术水平的限制。我国发展可再生能源本身相对较晚，而且主要集中于大规模风电、小水电等相对成熟的技术。而净计量政策一般适用于独立的分布式可再生能源，如太阳能发电、户用小风电等。尤其是户用小风电，其使用者一般分布在广阔的西部地区或者电网覆盖不到的地区，这些地区本身接入电网就不方便，更何况要设计出分散的电力用户与电网之间的互动网络。

第二，社会公众的认知水平限制。由于受经济水平的制约以及国家对可再生能源的宣传有限，居民或小企业对自己独立发展可再生能源仍然信心不足，这也制约了净计量政策在社会上的普及。

第三，其他法律政策的协调不够，需要其他领域立法如民事立法予以支持。目前最突出的就是太阳能屋顶设备利用中所产生的法律协调问题。[1]

---

〔1〕 我国《可再生能源法》规定了许多发展可再生能源的制度措施，但是其他领域的立法，如民事立法等并没能充分体现出对可再生能源开发利用的重视。对《可再生能源法》与其他立法的冲突和协调的有关分析，可参见李艳芳、刘向宁："我国《可再生能源法》与其他相关立法的协调"，载《社会科学研究》2008年第6期。

第六章

可再生能源监管制度和法律责任

　　强有力的监管是可再生能源配额制度顺利实施的保障。中国能源领域经过二十多年持续的市场化改革，基本实现了政企分开，并开始打破国有经济的垄断、引入不同产权结构的企业参与竞争。由于市场经济本身引起的垄断、信息不对称、外部性问题开始突出，因此加强政府在能源领域的监管日益引起社会重视。可再生能源产业作为能源领域内的朝阳产业，除了依靠国家的产业扶持外，在实施配额制度、进行市场化改革的进程中仍然需要政府加强监管，以保证配额制度的顺利实施，从而完成我国发展可再生能源的目标。此外通过规定法律责任，在配额义务主体完不成配额义务或未按照要求完成配额义务时承担一定的法律责任，这对配额制度的有效实施也起着重要的保障作用。

第一节 可再生能源监管概述

一、可再生能源监管的定义

监管（regulation）通常也称为"管制"或者"规制"，但并不等同于"监督与管理"。美国著名监管经济学家丹尼尔·F. 史普博（Daniel F. Spulber）认为，监管是行政机构制定并执行的直接干预市场机制或间接改变企业和消费者供需决策的一般规则或特殊行为。[1] 而日本学者植草益对监管所下的定义是，社会公共机构依据一定的规则对企业的活动进行限制的行为，这里的社会公共机构一般被简称为政府。[2] 著名经济学家萨缪尔森则认为，监管是由政府命令企业改变其经营行为的各种规定组成，监管的基本内容是制定政府条例和设计市场激励机制，以控制厂商的价格、销售或生产决策。[3] 因此，监管是具有法律地位的、相对独立的机构，依照一定的法律和政策对被监管者（一般是企业）所采取的一系列管理与监督的行为；监管往往包括事前对被监管者的干预和控制以及全过程的监督、管理和控制。监管的对

---

〔1〕［美］丹尼尔·F. 史普博：《管制与市场》，余晖等译，余晖总校，上海三联书店、上海人民出版社1999年版，第45页。

〔2〕［日］植草益：《微观规制经济学》，朱绍文、胡欣欣等译校，中国发展出版社1992年版，第1～2页。

〔3〕［美］保罗·萨缪尔森、［美］威廉·诺德豪斯：《经济学》，萧琛主译，华夏出版社1999年版，第246页。

象是市场主体，即参与市场竞争的企业或个人，它所要处理的是政府与市场主体之间的关系。监管的目的在于弥补市场失灵，而不是对市场机制的替代。

监管分为三种类型：一是经济性监管，它是针对具有自然垄断性产业（如自来水、管道燃气、电力、铁路运输等产业）和容易存在严重信息不对称的产业如金融保险业所实施的监管，监管部门对产业内的企业的准入、退出、价格、服务质量、投资等方面的决策进行监督；二是社会性监管，主要是以保证劳动者和消费者的安全、健康、卫生为目标，以及实现环境保护及防止灾害的目的，制定与产品和服务相关的质量标准，并实施一定的监管行为；三是反托拉斯监管，主要是针对垄断和不正当竞争、不公平交易而由监管部门施加的制约和限制，具体包括对企业兼并的监管、对广告行为的监管、对低价倾销行为及串谋行为的预防和惩戒等。[1] 对于可再生能源领域的监管来说，虽然参与竞争的市场主体不断扩大，但是可再生能源的开发、运输主体仍然大部分掌握在大型国有垄断企业中，因此对其监管既是一种经济性的监管，又有可能涉及反托拉斯监管。

可再生能源配额制度的监管，就是指在配额制度实施过程中由独立的具有法律地位的、相对独立的机构，依照一定的法律和政策对参与市场竞争的可再生能源开发者或投资者所采取的一系列管理与监督的行为。

---

〔1〕 仇保兴、王俊豪等：《中国市政公用事业监管体制研究》，中国社会科学出版社 2006 年版，第 5 ~ 6 页。

二、可再生能源监管的意义

1. 顺利实施配额制度、发展可再生能源的需要

可再生能源配额制度的实施过程，也是可再生能源开发运用的市场化运营的过程。通过监管机构对市场运行中的实施细节进行监管，可以补充和纠正市场经济自身的不足，为自由竞争创造必要的条件和环境，从而有助于使其达到最初的政策制定目的，实现我国发展可再生能源的目标。同时，通过监管能发现该制度在具体运行中存在的问题，尤其是绿色证书交易制度，其在我国可再生能源领域属于一个新的制度体系，我们需要在实践中不断探索和完善。

2. 完善有关制度、改进政府管理水平的需要

监管机构作为独立的第三方，在对可再生能源市场运营进行监管的过程中，能及时发现政策或制度的执行情况，从而能发现制度或政策的缺陷或薄弱环节，也能对主管部门的行政行为起到修正的作用，有助于进一步提升政府的行政能力和决策能力，推动我国可再生能源的长远发展。

第二节　国外可再生能源监管介绍

一、国外能源监管体制

由于能源行业尤其是电力产业具有很强的规模经济性和网络经济性，世界各国均对其进行不同程度的监管。在能源监管过程中，由于在电力监管机构的设置、监管内容、监管

依据、监管者制衡机制等方面都要取决于一国或地区的电力市场模式、市场竞争的范围和程度、电力行业结构和特点、国家政治体制、法律制度、国家的地域面积等，也受能源工业历史状况的影响。因此，各国能源监管体制各有特色，不尽一致。

以监管机构和政府的关系为标准进行分类，国外的能源监管主要有两种监管模式：

1. 监管机构独立于政府部门

以美国为代表，监管职能独立于政府行政部门而主要集中于监管机构，具有较强的权威性和中立性。在这种模式下，由于监管机构开展监管活动不受行政机关的牵制和干涉，因而其监管职能往往能得到最大程度的发挥。美国能源部（Department of Energy）是美国联邦政府的能源主管部门，主要负责制定和实施国家综合性的能源发展战略和政策；联邦能源监管委员会（FERC）作为联邦政府的能源监管部门，虽然内设于能源部，但是具有独立的监管地位。联邦能源监管委员会主要负责对下列事项进行监管：市场准入审批、价格监管、受理业务申请、受理举报投诉、行使行政执法与行政处罚等。此外，能源监管委员会还负责就一些监管事务进行听证和争议处理等。[1] 澳大利亚也是实行政监分离的监管模式，即对能源的管理职能交由能源部长理事会负责，其主要负责对能源政策的制定和管理；而能源监管机构主要负责

---

〔1〕 "从美国能源监管委员会看美国能源管理体制"，载《节能与环保》2010 年第 2 期。

对能源市场的监管。[1] 加拿大也设立了独立于能源管理机构的能源监管机构，而且在联邦政府和省级政府层面，都设有能源主管部门和能源监管机构。与美国和澳大利亚类似，能源管理部门的主要职能也是集中于能源发展政策研究、能源发展规划等方面，而能源监管机构的主要职能是对能源市场执行国家能源政策和规划的情况进行监管。[2] 由于中央和地方监管机构的关系不同，独立监管模式又存在着两种类型：一是垂直监管模式，即成立一个全国统一的监管机构并设立若干分支机构进行监管，如英国、阿根廷、新西兰等国家只设立国家电力管制机构，根据电力监管的实际需要，在各地设立若干办事机构；二是分级监管模式，采取这种方式的国家一般为美国、澳大利亚等联邦制国家。美国在联邦政府设立了联邦能源监管委员会，在各州还成立了公用事业监管机构，负责各州的电力监管。各州的电力监管机构具有很大的自主性。

2. 非独立监管模式

日本以及 1998 年以前欧洲大陆法系国家（如法国、德国等）总体上采取政监合一的监管模式。目前越来越多的欧洲国家开始采取政监分离的监督管理模式。

从发展趋势上看，电力监管机构普遍由政府行政部门的直接监管向独立、专业化的监管机构方向发展。很多原来采

---

〔1〕 黄庆业、马卫华："澳大利亚能源监管新机制及其借鉴意义"，载《华北电力大学学报（社会科学版）》2007 年第 2 期。

〔2〕 刘玉红、赵保庆："加拿大的能源监管机制研究"，载《华北电力大学学报（社会科学版）》2007 年第 2 期。

取政监合一或由政府部门直接监管的国家，纷纷从政府管理职能中分离，建立独立的专业性监管机构。

二、国外可再生能源监管机构及职责

有的国家将有关可再生能源的监管机构与其他能源监管机构并为一处，也有的单独设立监管机构。

澳大利亚的监管机构是可再生能源监管办公室（Office of the Renewable Energy Regulator），并由其负责定期修改《可再生能源（电力）法规》，据此对可再生能源配额制实施进行监管，以实现国家所设定的可再生能源发展目标。

英国由电力及天然气管理办公室来进行监管（各个地区的具体称谓有所不同，英格兰、苏格兰、威尔士称为"天然气及电力管理办公室"；北爱尔兰称为"电力及天然气监管办公室"），其负责对电力供应商的认证认可及其他有关电力的监管事宜。

意大利有关能源监管的政府部门主要由工业部中的能源和采矿部门负责，但是由能源市场运营商（The Energy Market Operator）专门组织和管理绿色证书交易市场。

印度虽然只有部分地区实施配额制，但是有关可再生能源的管理机构却非常完善。1992 年印度专门成立了非传统能源资源部（Ministry of Non – Conventional Energy Sources），使其成为世界上唯一设立专门的负责可再生能源事务的部委的国家，该部有九个地区办公室和三个研究机构：太阳能中心（Solar Energy Center）、风能技术中心（Center for Wind Technology）和可再生能源国家所（National Institute of Renewable Energy）。这种强有力的体制基础也大大推动了印度风能、太阳能和水能的发展。[1]

美国德克萨斯州在实施配额制、开展绿色证书交易过程中，州公用事业委员会作为政府监管部门，批准新信用的产生和签发，以及信用由于完成配额义务后的撤销或者自愿性收回，并有权对信用的价格上限作出规定。[2] 同时，州公用事业委员会委托州电力可靠性委员会来进行具体的市场管理。[3]电力可靠性委员会利用并维护电子跟踪系统，以实现对可再生能源电力的生产、信用的买卖、转移和回收进行

---

〔1〕 目前，印度国家风能工业规模（年度产量超过500MW）和装机容量（2005年3月装机容量为3595MW）居发展中国家前列。印度生物质能、沼气（300万装机）、太阳灶（50万户投入使用）、小水电、太阳能光热系统和光伏系统（大约45万家用系统）也在世界上居首列。在现有的体制框架和相对稳定的政治支持下，印度将来会有比较好的可再生能源发展前景，包括一些新技术，如太阳能热电厂。See Ulrich Laumanns, Danyel Reiche and Mischa Bechberger, "Renewable Energy Markets in Developing Countries. Providing Green Power for Sustainable Development", in Suresh P. Prabhu, Green Power Markets: Support Schemes, Case Studies and Perspectives (Volume II), Multi - Science Publishing Co., Ltd., 2007, pp. 403, 413.

〔2〕德克萨斯州公用事业委员会具体的监管职责包括：为发电商、电力零售商等信用交易市场参与者制定并改进信用申请表，同时负责对这些申请进行认证、评估其是否可以产生或交易信用，并在适当的时候予以收回，然后通知电力可靠性委员会；设计信用计算公式，并决定信用计算因子用于计算数量；设计、改进与信用交易相关的法律责任规定，并对其进行管理。

〔3〕德克萨斯州电力可靠性委员会的具体职责包括：负责信用的登记、注册及交易账号维护；利用固定的公式计算竞争性零售商每年的可再生能源电量，并对其进行管理；每季度统计发电量，确认信用，并报告德克萨斯州公用事业委员会；公布信用持有者账号信息（E - mail、地址和电话），以方便信用交易；每年组织一次信用项目结算；监控现在所有可再生能源设备的运行状态，并对其退出运行情况进行登记；在管理信息系统（MIS）中维护发电设备标识号码表，包括发电设备名称、类型等；审计由信用发电设备生产的发电量数据，每月公布信用交易数量。

跟踪。

第三节　我国可再生能源监管制度

一、我国的能源监管现状

一直以来我国国家发展和改革委员负责对能源领域进行宏观管理，发改委内部的多个司局如能源局、经济运行局、价格司、工业司、高技术产业司等都分别担负可再生能源的规划、项目审批、能源调配、价格和产业发展等职能。国家能源局于 2008 年成立之后，作为我国专门管理能源领域的行政机构，主要负责拟订并组织实施能源行业规划、产业政策和标准、发展新能源、促进能源节约等。2010 年我国又成立了国家能源委员会作为最高能源协调机构，它主要负责三项职能：负责研究拟定国家能源发展战略，审议能源安全和能源发展中的重大问题，统筹协调国内能源开发和能源国际合作的重大事项。

2003 年正式成立的国家电力监管委员会，作为我国电力行业的监管机构，首次实现了电力监管部门的独立性与专业化。按照《国家电力监管委员会职能配置内设机构和人员编制规定》的规定，其主要负责：电力监管立法和政策的制定；参与制定国家电力发展规划，审定电力市场运营模式和电力调度交易机构的设立；对输电、供电和非竞争性发电业务进行监管，维护电力市场的公平竞争；颁发电力业务许可证，并参与电力技术、安全、标准等的制定；对调整电价具有建议权，并监督检查电价的执行情况；查处电力市场的违规行为等。以该文件为指导，2005年制定的《电力监管条例》对电力监管委员会的监管机构设置及人员配备、具体监管职责以及监督措施等作了详细规定。在具体监管中主要采取文件审查和现场监督的方式。为了尽量做到监管过程中的公开透明，推动行政公开，我国又于2005年制定了《电力监管信息公开办法》，专门对电力监管委员会在从事监管过程中的信息公开内容、公开形式及程序等作出规定。

二、我国可再生能源监督管理体制

《可再生能源法》第5条规定："国务院能源主管部门对全国可再生能源的开发利用实施统一管理。国务院有关部门在各自的职责范围内负责可再生能源开发利用管理工作。县级以上地方人民政府能源主管部门对本行政区域内可再生能源的开发利用实施统一管理。县级以上地方人民政府有关部门在各自职责范围内负责可再生能源开发利用管理工作。"在过去的很长时间里，我国可再生能源的开发利用，一直多头管理，政出多门，实际上管理部门却均没有充分履行职责，影响了可再生能源开发利用的速度和规模。本条要求国务院能源主管部门对全国可再生能源的开发和利用实施统一管理，可以做到统筹规划、统一部属，利用有限的人力和物力，提高可再生能源开发的总体效率。同时本法还规定了国务院有关部门在各自的职责范围内负责有关的可再生能源开发利用管理工作。县级以上地方人民政府管理能源工作的部门和有关部门开发利用可再生能源的职责范围。这样中央和地方之间，中央各部门之间，既有统一管理，又有有机的分工和协调；既有统一规划和发展目标，又有分工负责的发展方向，便于可再生能源开发和利用工作的协调发展。这一规定确立了我国可再生能源统一管理与分部门管理相结合、中央管理与地方管理相结合的管理体制：①统一管理，在目前是指国家能源局作为可再生能源的主管机关对行业发展进行统一管理。根据《国务院关于部委管理的国家局设置的通知》（国发〔2008〕12 号），对新能源和可再生能源实施行业管理是国家能源局对能源实施管理职能的重要组成部分。分部门管理则是由于可再生能源技术种类繁多，在可再生能源的开发利用中还涉及科技、农业、水利、国土资源、建设、环境保护、林业、海洋等管理部门。②我国在环境与资源保护领域一直贯彻中央集中领导、地方分级管理的体制，在可再生能源领域也不例外，即各级地方可再生能源主管部门结合自身实际情况对本地区的可再生能源进行管理。中央管理，指国务院和国务院能源主管部门（在目前是指发改委和能源局）对可再生能源的管理负有统一的业务领导或指导，这种指导主要是进行全局性、长期性、间接性的宏观管理。地方管理包括省级、市级、县级的管理，其中省级部门主要进行宏观可再生能源管理，包括确定各行政区域可再生能源开发利用的中长期目标、编制本行政区域可再生能源开发利用规划等；市级管理既有宏观管理又有微观管理；县级管理部门主要进行直接性的微观管理。[1]

　　按照目前国务院部门的职责分工方案，"国务院能源主

---

　　〔1〕 关于我国可再生能源监督管理体制的分析，参见李艳芳："我国可再生能源管理体制研究"，载《法商研究》2008 年第 6 期，第 91 ~ 98 页。

管部门"具体是指国家发展和改革委员会及国家能源局。国家发展和改革委员会关于能源方面的职责,主要有:推进可持续发展战略,负责节能减排的综合协调工作,组织拟订发展循环经济、全社会能源资源节约和综合利用规划及政策措施并协调实施,协调生态建设、能源资源节约和综合利用的重大问题等有关工作。2013 年 3 月,《国务院关于提请审议国务院机构改革和职能转变方案》将现国家能源局、国家电力监管委员会的职责进行整合,重新组建国家能源局,由国家发展和改革委员会管理,不再保留国家电力监管委员会。由国家能源局具体全面负责我国的能源监管工作,具体包括:研究提出能源发展战略,拟订能源发展规划、推进能源体制改革等;负责煤炭、石油、天然气、电力(含核电)、新能源和可再生能源等能源的行业管理,指导协调农村能源发展工作;负责能源行业节能和资源综合利用;按国务院规定权限,审批、核准、审核国家规划内和年度计划规模内能源固定资产投资项目;负责能源预测预警,发布能源信息,参与能源运行调节和应急保障;负责核电管理;拟订国家石油储备规划、政策并实施管理;牵头开展能源国际合作;参与制定与能源相关的资源、财税、环保及应对气候变化政策等。

三、我国政府对可再生能源的监督管理职责

政府有效的监督管理是推动可再生能源产业快速发展的关键。《可再生能源法》对政府在推动可再生能源发展中的职责作了全面的规定,主要有:

（一）可再生能源资源调查、制定总量目标和发展规划

1. 可再生能源资源调查

可再生能源资源调查是指对我国可再生能源的资源量和分布进行全面的调查了解，以客观全面地掌握可再生能源资源的自然状况和开发利用现状及未来发展趋势，并反映可再生能源资源开发利用中存在的问题。它是可再生能源开发利用的基础条件。资源调查工作的内容包括制订调查的方法、指标、评价方法和组织形式，目的是查清可再生能源的种类、结构、数量、质量及地区分布，并提出资源详查和精查的地区和开发利用的重点等，为可再生能源的开发和利用提供依据。开展可再生能源资源的调查活动，是制定中长期总量目标的基础和前提。目前要进行资源调查的能源种类主要包括太阳能、风能、水能、生物质能、地热能、海洋能等。

《可再生能源法》第6条规定："国务院能源主管部门负责组织和协调全国可再生能源资源的调查，并会同国务院有关部门组织制定资源调查的技术规范。国务院有关部门在各自的职责范围内负责相关可再生能源资源的调查，调查结果报国务院能源主管部门汇总。可再生能源资源的调查结果应当公布；但是，国家规定需要保密的内容除外。"这里明确了政府负有对可再生能源资源进行普查，并将普查信息向社会公布的职责。可再生能源资源分布广泛，普查困难。按照国际惯例，政府负责资源的普查，绘制资源分布图，企业根据国家绘制的资源分布图，负责项目开发所必需的资源的详查。过去，我国也对一些可再生能源资源进行过普查，但通常是资源普查信息粗糙，例如，以前国家所掌握的风能资源和太阳能资源，很难用于项目投资决策；还有一些资源普查

之后的资料保密，只有少数部门知晓，例如小水电等。《可
再生能源法》中不仅规定了政府进行资源普查的职责，同时
还要制定资源普查的方法和标准，保证资源普查的质量。同
时还要求信息披露，全社会共享。该规定可以大幅度提高可
再生能源资源普查信息的真实性和可靠性以及适用效率，同
时降低企业开发可再生能源项目的风险。

2. 制定总量目标

可再生能源开发利用总量目标就是用法律形式对国家可
再生能源的总量或者在能源结构中的比例作出规定。制定可
再生能源开发利用的总量目标是政府的核心职责。只有目标
明确，才能进一步制定出相应的发展规划。

《可再生能源法》第4、7条规定了国务院能源主管部门
及地方政府在制定可再生能源开发利用总量目标中的职责。

3. 编制发展规划

根据可再生能源总量目标，制定详细的、具有法律效力
的可再生能源开发利用规划，指导和规范可再生能源开发利
用。《可再生能源法》第8条对此有明确的规定。[1] 这就改
变了过去国家能源规划只有少数管理部门知晓的不合理现象，

---

〔1〕 2009年修订后的《可再生能源法》第8条规定，国务院能源主管部
门会同国务院有关部门，根据全国可再生能源开发利用中长期总量目标和可再
生能源技术发展状况，编制全国可再生能源开发利用规划，报国务院批准后实
施。国务院有关部门应当制定有利于促进全国可再生能源开发利用中长期总量
目标实现的相关规划。省、自治区、直辖市人民政府管理能源工作的部门会同
本级人民政府有关部门，依据全国可再生能源开发利用规划和本行政区域可再
生能源开发利用中长期目标，编制本行政区域可再生能源开发利用规划，经本
级人民政府批准后，报国务院能源主管部门和国家电力监管机构备案，并组织
实施。经批准的规划应当公布；但是，国家规定需要保密的内容除外。

使得国家的总量目标、中央和地方的可再生能源规划，可以经过反复和科学的论证，真正体现国家和人民的意志，给市场一个明确的信号，有利于市场主体的积极参与，避免盲目性。

在不同的历史时期，我国都制定过针对可再生能源的发展规划，主要有：

（1）早在"八五"时期，可再生能源已经是我国能源建设的重点之一。为了落实和促进我国在"八五"期间制定的可再生能源发展规划，1996年原国家科委、计委和经贸委共同制定了《我国新能源和可再生能源发展纲要（1996~2010)》以及"新能源可再生能源优先发展项目"。在此基础上，原国家计委制定了《节能和新能源发展"九五"计划和2010年发展规划》，原国家经贸委制定了《"九五"新能源和可再生能源产业化发展计划》。

（2）1996年初，我国八届全国人大四次会议批准通过的《中华人民共和国经济和社会发展"九五"计划和2010年远景目标纲要》，在电力发展一节中指出"积极发展风能、海洋能、地热能等新能源发电"；在论及农村能源时强调，"加快农村能源商品化进程，推广省柴节煤炉灶和民用型煤，形成产业和完善服务体系。因地制宜，大力发展小型水电、风能、太阳能、地热能、生物质能"。

（3）2000年原国家经贸委发布了《2000~2015年新能源和可再生能源产业发展规划要点》。

（4）2001年9月，原国家计委制定了《国民经济和社会发展第十个五年计划能源发展重点专项规划》，其中指出："结合资源条件，通过大力发展小水电、风力及太阳能发电，基本解决偏远贫困农村无电乡镇用电问题。"

（5）2002 年，为贯彻落实党的十五届五中全会精神和"十五"计划纲要，促进经济与资源、环境的协调发展，原国家经贸委又组织制定了《新能源和可再生能源产业发展"十五"规划》，确立我国在"十五"期间发展可再生能源的指导思想是：以市场为导向，以企业为主体，以技术进步为支撑，加强宏观引导，培育和规范市场，逐步实现企业规模化、产品标准化、技术国产化、市场规范化，推动新能源和可再生能源产业上一个新台阶。

（6）2007 年 9 月 4 日，国家发改委正式对外公布了《可再生能源中长期发展规划》，明确提出了到 2010 年，我国可再生能源年利用量要达到 3 亿吨标准煤，占能源消费总量的 10%，到 2020 年，可再生能源年利用量要达到 6 亿吨标准煤，占能源消费总量的 15% 的阶段发展总目标。

之后国家发展和改革委员会又编制了《可再生能源发展"十一五"规划》和《可再生能源发展"十二五"规划》。

（二）产业指导与技术管理

我国中央政府及地方各级政府一直比较重视可再生能源产业和相关技术管理工作，如 1996 年国务院发布的国家能源技术政策中就对可再生能源作出了规定。[1] 1998 年，国务院批准的《当前国家重点鼓励发展的产业、产品和技术目录》和《外商投资产业指导目录》，把可再生能源的太阳能、地热能、海洋能、垃圾发电、生物质能发电和大型风力机都

---

〔1〕 谢治国、胡化凯、张逢："建国以来我国可再生能源政策的发展"，载《中国软科学》2005 年第 9 期。

列入了鼓励发展的产业和产品中。

政府对可再生能源进行的产业指导和技术支持主要体现在以下几个方面：

1. 制定、公布产业指导目录

产业发展指导目录是指在一定时期内，根据我国的可再生能源资源量和分布、可再生能源不同技术的发展水平和经济性，以及国家可再生能源产业发展的要求，由国务院能源主管部门编制和发布的国家可再生能源技术和产品的优先发展领域或鼓励发展领域的指南。制定产业指导目录一般是在有明确的发展规划的前提下完成的，并予以公布，以引导投资者对可再生能源的开发利用进行投资。

2. 组织编制技术标准

组织编制可再生能源技术标准，也是政府的重要职责之一。标准是技术领域的"法律"，是高效合理地开发利用可再生能源的前提。可再生能源不能因为其环保的属性，就可以降低其服务质量和标准，特别是商业化发展的可再生能源，应该有其商品的属性，可再生能源产品供应商必须为用户提供合格的能源产品。

3. 组织开展相关科研工作

考虑到可再生能源技术是发展中的技术，因此，需要政府安排资金支持可再生能源开发利用的科学技术研究、应用示范和产业化发展，促进可再生能源开发利用的技术进步，降低可再生能源产品的生产成本，提高产品质量。

《可再生能源法》第12条特别强调："国家将可再生能源开发利用的科学技术研究和产业化发展列为科技发展与高技术产业发展的优先领域，纳入国家科技发展规划和高技术产业发展规划，并安排资金支持可再生能源开发利用的科学技术研究、应用示范和产业化发展，促进可再生能源开发利用的技术进步，降低可再生能源产品的生产成本，提高产品质量。"

4. 开展教育宣传活动

《可再生能源法》要求国务院教育行政部门应当将可再生能源知识和技术纳入普通教育、职业教育课程。这一点对于大规模开发利用可再生能源是至关重要的。可再生能源的开发和利用需要高技术人才的支撑。

（三）价格管理

合理的价格和价格形成机制是利用市场引导可再生能源开发利用的关键。《可再生能源法》规定了可再生能源发电实行政府定价的价格机制，并规定了政府定价的原则。第19条规定："可再生能源发电项目的上网电价，由国务院价格主管部门根据不同类型可再生能源发电的特点和不同地区的情况，按照有利于促进可再生能源开发利用和经济合理的原则确定，并根据可再生能源开发利用技术的发展适时调整。上网电价应当公布。依照本法第13条第3款规定实行招标的可再生能源发电项目的上网电价，依照中标确定的价格执行；但是，不得高于依照前款规定确定的同类可再生能源发电项目的上网电价水平。"这一规定明确了可再生能源发电上网实行政府定价的原则，并对政府定价的原则和适用范围作了明确的规定。

价格制定一直是困扰可再生能源发展的老大难问题，1996年原国家电力部和1999年原国家计委及国家科技部，都对这个问题的解决进行过尝试，并且作了一些明确的规定，在当时的条件下促进了可再生能源，特别是可再生能源发电技术的发展。但是，这些规定越来越不适应可再生能源大规模发展的要求，2003年国务院办公厅对这一问题再次发文明确要求：风力发电暂不参与市场竞争，所发电量由电网企业按政府定价或招标价格优先收购。电力市场成熟时由政府规定供电企业售电量中新能源和可再生能源电量的比例，建立专门的竞争性新能源和可再生能源市场。

政府定价的原则是分类电价，即根据不同的可再生能源类型分门别类地制定相应的上网电价，并向社会公布。

四、我国可再生能源监管中存在的问题

1. 可再生能源的监管职责分散

分散的监管职能不利于可再生能源市场化运营中监管工作的开展。《可再生能源法》第5条规定了对于全国可再生能源的开发利用由能源主管部门统一管理，但事实上可再生能源的监督管理职责是十分分散的。这种分散不仅体现在分部门管理体制上，即使是同一部门中，管理的职责也不够集中。例如目前虽然成立了相对独立的能源管理机构，即国家能源局，但是国家发展和改革委员会内部的多个部门目前还担负有关可再生能源的管理职责。并且《可再生能源法》所规定的分部门管理涉及国务院众多部门的管理职责，管理职责的分散影响决策的权威与效率。比如除了国家能源局将原有的电监会并入之后所具备的职责外，国家发展和改革委员会内部的多个司局，如经济运行司、价格司、工业司、高技术产业司等都分别担负有关规划、项目审批、能源调配、价格和产业发展的职能，财政部负责有关预算和专项资金安排，

科技部负责有关重大科技项目和示范。这些机构和部门对可再生能源项目的计划、审批、调配、价格等都有干预，甚至起着决定性影响。

2. 中央与地方的具体监管关系有待理顺

目前可再生能源发电价格仍然由中央通管，项目由中央和地方按照项目规模分管，项目和价格的管理关系、中央和地方的管理关系仍然有待改进和明确。

3. 立法中对监管的规定不足

《可再生能源法》对可再生能源的主管部门与管理体制进行了明确规定，而且对建设可再生能源并网发电项目的审批进行了规定。但是过于笼统，在第13条中也只是简单地规定"建设可再生能源并网发电项目，应当依照法律和国务院的规定取得行政许可或者报送备案"，对取得许可、项目建成后，是否需要申请电力业务许可没有作出规定。

此外，虽然《可再生能源法》第27、29条规定了电力监管部门对电力企业的现场检查权和对电网企业未全额收购可再生能源电量的处罚权，但并没有对电力监管机构的法律责任作出更加明确的规定。

虽然《电力监管条例》对电力监管委员会的职责作了明确规定，但是该条例所规定的监管内容主要还是针对燃煤等传统的电力进行监管。可再生能源发电作为可再生能源规模化应用的主要方式，具有不同于传统能源发电的特点和规律，它要受到地区资源条件、气候、当地居民的接受程度、电网的接入是否顺畅等因素的影响。因此总体上来讲，对可再生能源发电的监管立法比较欠缺。

4. 重视经济性监管，社会性监管不足

目前对可再生能源产业的监管主要集中在经济领域，特别是对可再生能源项目准入的管理，而对涉及公共安全、环境与资源保护等社会性监管重视不够。《可再生能源法》仅仅对建设可再生能源并网发电项目的审批、可再生能源发电项目的上网电价管理、电力监管机构对电力企业的检查监督等经济性监管作出了原则性的规定，但并未涉及可再生能源造成的资源与环境问题的社会性监管。因此，将来有必要在《可再生能源法》中对可再生能源的社会性管理进一步作出详细的规定。

五、我国实施可再生能源配额制度的负责机构

在配额制度下，可再生能源目标主要基于市场机制来完成，政府相应地担负了更多地制定规则、维持交易秩序的服务功能。因此，建立专门的监管机构来监督可再生能源的市场运行也更为关键。

我国可再生能源配额制实施中的监管主要是涉及两个方面：一是对可再生能源电力的监管，二是对将来要建立的绿色证书交易进行监管。对于可再生能源电力的监管可以通过加强原电力监管委员会所负责的可再生能源监管职能来进行。对于绿色证书交易过程中涉及的监管，建议成立专门的监管部门，该部门可以设在国家能源局内部，也可以受国家能源局的委托由独立的第三方进行监管。

六、我国可再生能源配额制度实施中的监管原则

在可再生能源配额制度的实施过程中，监管机构实施监

管时应将以下几个方面作为指导原则：

（一）依法监管

即监管机构要严格按照法律或政府授权实施监管，而不得超越监管权限代替政府履行管理职能，或者直接插手绿色证书交易主体的市场交易。监管机构做到依法监管的前提是目前要尽快完善国家能源局内部尤其是国家电力监管委员会关于可再生能源电力的监管职能，建立严格的监管程序。

（二）独立监管

在可再生能源配额制度实施过程中，应处理好可再生能源管理部门和监管部门的关系。在配额制度实施过程中，可再生能源管理机构负责制定可再生能源发展目标、确立主体范围、法律责任等政策制定工作；而监管机构则负责执行立法和政府的政策规定。政府不得越过其管理权限，干涉监管机构独立开展监管工作。

（三）公开监管与高效监管

监管的意义在于及时发现市场运行中的问题，因此高效率是一个基本要求。这就要求首先要建立一套行之有效的监管规则；在实施绿色证书交易过程中，非常有必要建立一套电子化信息系统，用于加强与被监管主体的沟通与互动，使可再生能源监管工作能够及时、有效地开展；另外需要加强对监管人员的培训，培养出一批高素质的监管人员。

公开监管就是坚持监管过程中的信息公开，以更好地做到监管透明、程序公正。公开监管机构的职责范围和决策机制；明确监管规则和争议解决程序；公布监管结果及其理由；将监管机构的行为和被监管者的履行行为定期向公众报告；明确上诉机制；等等。

七、我国可再生能源配额制度实施中的监管重点

可再生能源配额制度实施过程中，监管机构的监管重点集中于对可再生能源电力的监管和对绿色证书交易的监管两方面。具体的监管内容建议如下：

（一）对可再生能源电力的监管

国家能源局所属的电力监管委员会要加强对可再生能源电力的监管，应主要从以下方面进行监管：制定具体的配额制度实施监管规则；颁发和管理电力业务许可证；分配发电企业所承担的可再生能源配额指标；对可再生能源电价执行情况进行监管；对发电厂入网、电网互联以及发电厂与电网是否协调运行进行监管；对可再生能源发电企业间是否开展公平竞争进行监管；对可再生能源电力企业、电力调度交易机构执行电力市场运行规则情况进行监管；等等。

（二）对绿色证书交易的监管

第一，国家能源局所属的电力监管委员会负责制定绿色证书的格式和内容。在内容方面对可再生能源的技术种类、发电日期、发电量、有效期等作出详细规定。

第二，国家能源局所属的国家电力监管委员会向具备可再生能源电力生产资质的企业签发绿色证书，以及对证书的撤销、回收等。可再生能源电力生产企业在向电力监管机构提出申请的前提下，经过监管机构的审核，由监管机构对其颁发绿色证书，该证书作为一种书面文件，其证书上的数量需要根据发电企业的实际电力产量进行不断的更新。

第三，国家能源局所属的国家电力监管委员会委托独立的第三方或者在内部设立独立的部门对绿色证书交易过程进

行管理。其主要负责：首先，要建立并维护绿色证书交易电子信息系统，通过该交易系统实现对可再生能源绿色证书的持有、买卖、转移和回收的跟踪，并及时进行交易账号维护；其次，进行必要的书面登记、注册，每季度统计绿色证书的电量并定期进行结算，并将数据及时报告电力监管委员会。

第四节　可再生能源配额制度的法律责任

一、设立法律责任的必要性

正如有经济学家所指出的，规则的设计通常将依从成本（compliance costs）考虑在内。考虑这一成本，意味着必须要有办法来识别那些违反规则的行为，衡量其违反的程度（从而确定交换中另一方的损害程度），并且能识别出是谁在违规。[1]

配额制度的设计也要兼具灵活性和严肃性。灵活性意味着给予义务人一定的选择余地，它有利于可再生能源市场和配额制的平稳运行。前述的可再生能源证书交易就代表一种灵活性，因为它为电厂提供了选择遵从方式的机会。其他的灵活机制包括可再生能源证书储蓄以及关于宽限期的规定。可再生能源证书储蓄是指当年发行且未使用的可再生能源证书在未来一定年度内仍然有效。宽限期是指如果配额制义务人当年未能履行义务，其将有机会在规定的额外时间内补足差额。配额制的严肃性是维持可再生能源开发商信心和激励

---

〔1〕　〔美〕道格拉斯·C.诺思：《制度、制度变迁与经济绩效》，杭行译，韦森审校，格致出版社、上海三联书店、上海人民出版社2008年版，第66页。

电厂遵从的必要条件，对配额制的成败至关重要。配额制的严肃性就是要让未完成配额义务的主体承担严格的法律责任。一般是对所有的不履行义务者和舞弊者进行处罚，而且处罚力度一定要大于遵从成本。[1]

二、国外配额制度中的法律责任

在配额制度下，国家将完成可再生能源的目标分配给一个个具体而独立的义务主体，为保证配额目标的完成，法律责任的规定是必不可少的。

国外实施配额制度的国家，配额义务主体未完成配额义务的情况时有发生，如日本 2006 年在承担配额义务的 39 个电力供应商中有 18 个完成其配额义务。[2] 大多数国家和地区都有对未完成配额义务的惩罚措施，且处罚以经济处罚为主并高于其履行成本。[3] 英国电力供应商可以通过向监管机

---

〔1〕 李家才、陈工："国际经验与中国可再生能源配额制（RPS）设计"，载《太平洋学报》2008 年第 10 期。

〔2〕 Utility Quota Obligation，（RPS Japan；Japan for Sustainability），*Renewable Energy Policy Network for the 21st Century*.

〔3〕 也有些国家没有，如波兰。波兰配额制度的一个原则性缺陷是缺乏对未完成配额义务的配电公司的法律处罚，致使其配额义务的履行举步维艰，如 2001 年 33 家配电公司中只有 16 家完成配额义务，而到了 2002 年仅有 7 家遵守配额义务。直到 2005 年一直没有对未完成义务的配电公司的具体的惩罚性条款。波兰能源管理委员会虽然有权决定罚款但是未公布罚款数额（比如明确规定罚款或者计算罚款的公式）。See Diana Urge – Vorsatz and Silvia Rezessy，"The Wrong Roads Taken? Promoting Renewable Power in Central Europe"，*in Suresh P. Prabhu，Green Power Markets：Support Schemes，Case Studies and Perspectives*（Volume Ⅱ），Multi – Science Publishing Co.，Ltd.，2007，pp. 363，392. 另外美国一些州也没有惩罚措施，参见 Christine Real de Azua，"The Future of Wind Energy"，14 *Tul. Envtl. L. J.* 2001，p. 485.

构赔付一定数量的费用来完成他们的配额义务。交费根据其未完成配额义务的电量计算（以千瓦时为计量单位)[1]；如果供应商到期未完成其配额义务，他需要付"迟延付款"[2]。如果供电商仍未完成"迟延付款"的任务，供电商将要交纳最高达其营业额10%的罚款。

1998年2月，荷兰政府规定达不到要求的公司，每千瓦时可再生能源电量要付5分荷兰盾的罚金。当时"绿色证书"的市场价格为0.03～0.05荷兰盾/千瓦时。[3]

美国德克萨斯州则规定对未完成配额义务的，每KWh处以不高于5美分或者在义务履行期内平均可再生能源证书交易价的200%的罚款，允许义务主体选择其中价格较低的处罚措施。[4]

三、我国设立法律责任的建议

对于承担责任的主体及相应的责任类别和内容，笔者建议如下：

1. 针对政府主管部门及监管部门的责任

一般包括政府主管部门因领导或工作人员违反刑法或行

---

〔1〕 到2009年3月31日，1千瓦时的回购价格（buy－out price）达到了35.76英镑。每年回购价格在2006年设定的基准价格上受零售价格影响上下波动。

〔2〕 迟延付款的数量是回购价格与高于英国银行的5%利率的迟延利息之和。

〔3〕 徐刚："可再生能源强制性市场份额政策研究概况"，载《四川水力发电》2005年第S1期。

〔4〕 See Public Utility Committee（PUC）Substantive Rules §25.173；Texas Public Utility Regulatory Act，Section 15.023.

政法规定的义务，而承担的刑事责任或行政责任。未达到该地区应该达到的发展可再生能源目标时，按照立法或政策规定，承担行政责任。

2. 针对配额义务主体的责任

配额义务主体有义务每年向可再生能源监管机构正确地报告其可再生能源电力产量、配额义务的完成情况，包括购买的可再生能源电量或拥有的绿色证书数目等，并要准确上报未完成的配额义务短缺量等。当配额义务主体未完成其应该承担的义务时，可以给予其一定的宽限期，比如半年或3个月。宽限期结束后，如果还未完成配额义务则可以规定其应当承担的法律责任。

对于未完成配额义务的单位和个人，主要对其处以经济处罚；同时，鉴于我国绝大部分的电力企业属于国家所有的国情，必要时对单位负责人课以行政责任。也可以尝试规定替代履行措施，比如发展其他种类的可再生能源如生物液体燃料、太阳能热利用等，代替其发电义务。

为了有效地保证配额制度能够顺利地实施，完成发展可再生能源的目标，经济处罚额度的设定一定要大于目前我国生产该种可再生能源电力的边际成本，以避免义务主体将交纳罚款作为逃避配额义务的手段，从而违背了我国发展可再生能源的初衷。笔者建议对未完成配额任务者处以几倍于履行成本的罚款，并要求在下一年补足当年的未完成量；并不得谎报和误报，否则也将要承担一定的法律责任。[1]

－－－－－－－－－－

〔1〕 王白羽："可再生能源配额制（RPS）在中国应用探讨"，载《中国能源》2004 年第 4 期。

第七章

我国可再生能源配额制度的构建

第一节　我国实施可再生能源配额制度的
必要性和可行性

一、我国实施可再生能源配额制度的必要性

虽然我国目前还未在可再生能源领域正式开始实施配额制，但是国外实施可再生能源配额制度的经验为我们提供了很多有益的借鉴，而且可再生能源配额制度能解决我国当前可再生能源发展领域中的诸多问题，因此我国将来有必要尝试实施这一制度。具体来说，实施可再生能源配额制度的必要性体现在以下几个方面：

第一，通过发展可再生能源配额制度，强制性地要求发电企业承担开发可再生能源的义务，并要求电网企业承担收购可再生能源电力的义务，这有助于解决我国当前可再生能源发电领域面临的"入网难"问题，从而解决了可再生能源

发电领域的一大瓶颈，推动对可再生能源的开发和利用向更快更好的方向发展。

第二，发展可再生能源配额制度有利于我国不同地区间的资源互补。我国东部地区经济相对发达，对能源的需求量较大，但资源相对贫乏；而西部地区虽然经济欠发达，但具备相对丰富的可再生资源，适合发展风电、太阳能产业等可再生能源产业。配额制度中采用的可交易的绿色证书机制有利于我国东西部之间的资金与资源互补，在解决了东部地区资源短缺问题的同时，也为西部地区的经济发展注入了活力。

第三，发展可再生能源配额制度有助于开发农村地区的可再生能源。我国农村地区覆盖的地域广阔，并且是自然资源集中的地区，可再生能源丰富。通过实施可再生能源配额制度，强制性的要求发电企业承担开发可再生能源的义务，这就使发电厂将发电领域的触角逐渐转向农村地区，比如开发生物质发电资源、风电资源等，推动了对农村地区可再生能源的开发和利用。从而实现自然资源的商品化利用，增加农民收入，促进农村地区的经济发展。

第四，可再生能源配额制度有利于创造新的投资和就业机会。可再生能源产业链条上涉及众多的工作岗位。据统计，全球范围内，有超过300万个直接工作岗位是与可再生能源相关，其中一半分布于生物燃料工业。[1] 配额制度通过市场的手段实现对可再生能源的开发和利用，加快了经济结构调整和产业内的竞争。在可再生能源发展的同时也为当地创造

---

〔1〕 "Renewables 2010 Global Status Report", *Renewable Energy Policy Network for the 21st Century*, p. 9.

了新的经济增长点，并为我国城乡居民创造了大量的投资和就业机会，促进经济转型。

总之，虽然固定电价制度的实施对于我国可再生能源的发展起了很大的推动作用，但是经过近几年的实践，可再生能源产业在发展过程中逐渐暴露出了诸多问题，如可再生能源发电"入网难"、电价补贴滞后等问题，因此，我们有必要尝试通过实施配额制度来逐步解决这些难题，不断改善我国可再生能源产业的发展环境，推动可再生能源的进一步发展。

二、我国实施可再生能源配额制度的可行性

（一）与固定电价制度的协调

1. 固定电价制度在我国的发展

固定电价制度也称为分类上网电价制度，即根据采用不同的可再生能源技术（小水电、风电、太阳能发电、生物质能发电等）发电的社会平均成本，分门别类地制定相应的上网电价，并向社会公布。实施分类电价制度的目的主要是减少项目审批程序、明确投资回报、降低项目开发成本和限制不正当竞争。

固定电价制度的核心是政府根据可再生能源发展总量的要求和技术发展的水平，规定某一时期内各种不同可再生能源技术的上网电价水平。分类电价由政府价格管理部门根据不同技术种类可再生能源发电的特点，按照有利于可再生能源开发利用和经济合理的原则测算确定，并向社会公告。实行固定电价制度，实际上是在法律框架内，保证市场主体在不同地区、不同时段、开发利用不同可再生能源的投资回报大体上相同。

可再生能源商业化开发利用的重点是发电技术，制约其发展的主要因素是上网电价。由于在当前发展阶段，可再生能源发电成本相对高于常规能源发电成本，可再生能源电力还不能与常规能源电力直接竞价上网，况且各种可再生能源发电存在成本差异，因此只有实行分类电价制度，才能合理地促进不同可再生能源技术的发展，鼓励投资商积极开发可再生能源电力，起到迅速扩大可再生能源市场的作用。同时，按照固定电价确定投资项目，投资商减少了项目报批环节；电网公司按照分类电价全额收购可再生能源系统的发电量，减少了签署购电合同的谈判时间和不必要的纠纷，从而降低了可再生能源发电上网的交易成本。如果若干开发商竞争同一开发区块，则应采用招标方式确定开发商，其结果还会在固定电价的基础上进一步降低上网电价。分类电价可以相对固定，也可以定期修正。对可再生能源发电实施分类固定电价制度，对电价总水平的上升影响并不大。

固定电价制度是在我国自 20 世纪 80 年代开始进行的电力体制改革的过程中逐步确立的，在我国有长期的实践基础。在实施电力体制改革之前，我国的电厂上网电价一直实行分类电价制度，不同的发电能源资源、不同的投资种类和组合、不同的地区和不同时间都有不同的上网电价，例如核电电价、三峡水电电价、天然气发电电价等。可再生能源电力由于其高成本引起的高电价，以及具有间歇性的特点，因而其竞争力明显逊于化石燃料所发的电力。在这种形势下，国家为保障可再生能源的发展，规定了对可再生能源所发的电力实施强制上网制度的要求。如在 1994 年原国家电力部就明确提出"电网管理部门应允许风电场就近上网，并收购全部上网电量，上网电价按发电成本加还本付息、合理利润的原则确定，高出电网平均电价部分，其价差采取均摊方式，由全网共同负担"的指导意见。1999 年原国家发展计划委员会和科技部《关于进一步支持可再生能源发展有关问题的通知》规定：对风力发电、太阳能光伏发电、生物质能发电、地热发电、海洋能发电等并网发电项目，在电网容量允许的情况下，电网管理部门必须允许就近上网，并收购全部上网电量，项目法人应取得与电网管理部门的并网及售电协议；对可再生能源并网发电项目在还款期内实行"还本付息＋合理利润"的定价原则，高出电网平均电价的部分由电网分摊。2003 年国务院批准发布的《电价改革方案》对固定电价补贴进行了明确规定，还对将来通过市场机制发展可再生能源作了原则性规定，如第 15 条规定，"风电、地热等新能源和可再生能源企业暂不参与市场竞争，电量由电网企业按政府定价或招标价格优先购买，电力市场成熟时由政府规定供电企业售电量中新能源和可再生能源电量的比例，建立专门的竞争性新能源和可再生能源市场。"

我国 2005 年制定的《可再生能源法》中明确采纳了固定电价制度[1]，并据此制定了《可再生能源发电价格和费

---

〔1〕 2005 年颁布的《可再生能源法》第 19 条规定，可再生能源发电项目的上网电价，由国务院价格主管部门根据不同类型可再生能源发电的特点和不同地区的情况，按照有利于促进可再生能源开发利用和经济合理的原则确定，并根据可再生能源开发利用技术的发展适时调整。上网电价应当公布。第 23 条规定，进入城市管网的可再生能源热力和燃气的价格，按照有利于促进可再生能源开发利用和经济合理的原则，根据价格管理权限确定。2009 年修订后的《可再生能源法》仍然保留了这两条规定。

用分摊管理试行办法》。《可再生能源发电价格和费用分摊管理试行办法》也针对不同可再生能源技术特点和经济性，规定了相应的上网电价定价方式和水平，对各省网企业征收的可再生能源附加和向发电企业支出的可再生能源电力费用的差额进行平衡调配作了规定。其中规定，可再生能源发电价格实行政府定价和政府指导价两种形式，其中生物质发电项目上网电价实行政府定价，电价标准由各省（自治区、直辖市）2005 年脱硫燃煤机组标杆上网电价加每千瓦时 0.25 元补贴电价组成。

自国家确立实施固定电价政策以来，很多省份已经开始实施与分类电价相类似的电价制度。例如，浙江等省分别规定了柴油发电、小水电的上网电价；2004 年年初，广东省制定了可再生能源上网的分类电价，规定广东省风力发电上网电价为 0.528 元/千瓦时。分类电价制度的实施，有力地推动了当地风电产业的发展，当年，广东省已经得到政府许可的风力发电项目发电装机容量达到 30 万千瓦，是过去 10 年总量的 3 倍多。

2. 固定电价制度与配额制度相协调的国际经验

国际上发展可再生能源的思路往往是首先对可再生能源生产者超出常规能源的生产成本给予补偿，以逐渐培育可再生能源市场。固定电价制度就是国家通过给予可再生能源生产企业固定的电价补贴来对其扶持的制度。国外的实践证明，国外一般是对尚未成熟且需要政府扶植的新技术仍然是采用固定电价补贴的方式，待市场成熟后再实施配额制度。例如欧洲的匈牙利、捷克和波兰最开始均是实行固定电价制，后来它们中有的转而实施配额制，如 2001 年 1 月前波兰还是实行固定电价制度，之后根据《配额义务条例》（Quota Obliga-tion Ordinance）开始实行配额制度；2001 年匈牙利立法引进了绿色证书制度，并且规定从政府的法令发布后开始实施。[1] 此外在一些国家和地区，针对不同的可再生能源种类的市场化程度和技术成熟程度不同，往往是固定电价制度与配额制度同时并存，如日本在实施配额制度的同时，也对家用的太阳能光伏采纳了固定电价政策，并正在考虑对其他可再生能源技术种类应用该政策。

固定电价制度虽然比较适合可再生能源产业发展初期，但是它仍然可以在一些可再生能源技术种类中得到应用，而且从国际范围来看，固定电价制度仍然是发展可再生能源最普遍的政策。据统计，到 2010 年早期，全球有 83 个以上的国家有可再生能源的开发利用政策，其中最普遍的是固定电价政策，至少有 50 个国家和 25 个州或省实施固定电价政策，并且有越来越多的国家和地区开始实施固定电价政策。[2] 到 2014 年年初，在国家层面实施固定电价政策的国家至少达到了 63 个。[3]

1978 年，美国颁布的公用事业管制政策法案规定了最初

---

〔1〕 Diana Urge – Vorsatz and Silvia Rezessy, "The Wrong Roads Taken? Promoting Renewable Power in Central Europe", *in Suresh P. Prabhu, Green Power Markets: Support Schemes, Case Studies and Perspectives* (Volume Ⅱ), Multi – Science Publishing Co., Ltd., 2007, pp. 363, 392.

〔2〕 "Renewables 2010 Global Status Report", *Renewable Energy Policy Network for the 21st Century*, p. 11.

〔3〕 See Janet L. Sawin, Freyr Sverrisson, "Renewables 2014 Global Status Report", *Renewable Energy Policy Network for the 21st Century*, 6 June 2014, pp. 89 ~ 92.

形式的固定电价制度。[1] 但是，一般认为德国于 1990 年首次正式实施固定电价制度，其与西班牙（1994 年开始实施）和丹麦（1992 年开始实施）因实施该制度所取得的明显效果而被公认为是实施固定电价制度的典型国家。[2]

虽然可再生能源配额制是美国州层面上最普遍的可再生能源政策，但实践证明，可再生能源配额制可以与固定电价制度共同配合，共同促进这些州的可再生能源发展。美国越来越多的州和省也在采用和更新固定电价政策。近几年已经有好几个州开始采纳固定电价政策，包括加利福尼亚州、夏威夷州、佛蒙特州和华盛顿州（尽管在适用范围上有限制）。加利福尼亚州目前修改了其太阳能光伏的固定电价政策，允许装机容量超过 3MW 的大型工厂适用该政策，以扶持该产业的规模化发展。通过综合利用各种可再生能源促进政策，美国大多数州已经实现了其制定的可再生能源的目标。加拿大安大略省宣布了实施其《2006 年绿色能源法》中的关于固定电价的条款，包括离岸风电补贴、太阳能光伏补贴，其补贴是世界上最高的（加拿大元 80 分/每千瓦时）。

澳大利亚的新南威尔士州增加了太阳能光伏的固定电价政策。印度的阿特普拉德士新制定了对甘蔗渣发电的固定电

---

〔1〕 张勇编著：《能源资源法律制度研究》，中国时代经济出版社 2008 年版，第 114 页。

〔2〕 Mischa Bechberger and Danyel Reiche，"Diffusion of Renewable Feed – in Tariffs in the EU – 28 – an Instrumental Contribution for the Dissemination of Renewable Energies", *in* Suresh P. Prabhu，*Green Power Markets*；*Support Schemes*，*Case Studies and Perspectives*（Volume Ⅰ），Multi – Science Publishing Co.，Ltd.，2007，pp. 31 ~ 50.

价政策。此外，目前许多国家正在考虑新的固定电价政策，包括以色列、日本、马来西亚、越南和也门。[1]

2006年，比利时的佛兰德地区为发展太阳能光伏，以及土耳其为发展所有的可再生能源均已开始采纳固定电价制度。[2]

意大利2008年的《预算法》规定从农林废弃物中产生的沼气和生物质的每年发电小于1MW的生产者只要他们发的电能输入到电网，就有权选择参与固定电价补贴政策或绿色证书机制。同时，该国对最大装机容量为1200MW的光伏发电系统也是实行固定电价补贴的方式。[3]

配额政策在国外实施的过程中也面临着许多挑战。包括：项目资金的不确定性；因价格由市场决定而往往引起相对高的合同履约风险，如加利福尼亚州；大多数配额政策集中于数量，将价格留给了竞争性的市场。实际上，固定电价政策可以用来帮助实现配额政策的目标，表现在：①项目融资支持。没有获取投资的长期支持，可再生能源项目将面临融资困难，因而将导致难以完成配额制度的要求。固定电价政策提供项目融资方所需要的财政支持，并保证足够的供应到位。

〔1〕 "Renewables 2010 Global Status Report", *Renewable Energy Policy Network for the 21st Century*, p. 37.

〔2〕 Mischa Bechberger and Danyel Reiche, "Diffusion of Renewable Feed – in Tariffs in the EU – 28 – an Instrumental Contribution for the Dissemination of Renewable Energies", *in Suresh P. Prabhu*, *Green Power Markets: Support Schemes, Case Studies and Perspectives* (Volume I), Multi – Science Publishing Co., Ltd., 2007, pp. 31 ~ 50.

〔3〕 "Renewables 2010 Global Status Report", *Renewable Energy Policy Network for the 21st Century*, p. 37.

②政府对新兴可再生能源进行固定价格补贴，可以保证对新兴可再生能源或者开发初期需要较高成本的可再生能源技术获得充足的资金支持。[1] ③固定电价制度能给予投资者更高的安全性。就投资者的安全性而言，配额/绿色证书制度由于建立在市场基础上，所以投资者的投资安全问题更显著，从而影响其投资可再生能源的力度。在固定电价制度下，由于该政策是相对稳定的政府支持性政策，投资者就不用再担心这些问题。此外国外有不少国家既规定固定电价政策，又实行配额制度。据统计，到2014年年初，有14个国家和2个国家的地区层次同时实行固定电价制度和配额制度。这些国家是：以色列、意大利、日本、立陶宛、葡萄牙、英国、阿尔巴尼亚、中国、马来群岛、加纳、印度、印度尼西亚、菲律宾、斯里兰卡。在地方政策层面实施这两个制度的国家是：澳大利亚、加拿大。[2]

因此，通过以上国际经验可以看出，配额制度和固定电价制度可以相互补充而非相互排斥[3]，我们在发展可再生能

---

〔1〕 Karlynn Cory, Toby Couture, Claire Kreycik, "Feed – in Tariff Policy: Design, Implementation, and RPS Policy Interactions", NREL/TP – 6A2 – 45549, March 2009.

〔2〕 See Janet L. Sawin, Freyr Sverrisson, "Renewables 2014 Global Status Report", *Renewable Energy Policy Network for the 21st Century*, 6 June 2014, pp. 89 ~ 91.

〔3〕 Maarten J. Arentsen, Mischa Bechberger, Maria Rosaria Di Nucci, Lutz Mez, "Stakeholders Dynamics on Harmonisation/Coordination of Support Systems for Renewable Electricity", The Realise – Forum Appraisal, *in Suresh P. Prabhu*, *Green Power Markets: Support Schemes*, *Case Studies and Perspectives* (Volume Ⅰ), Multi – Science Publishing Co., Ltd., 2007, pp. 51, 70.

源过程中完全可以处理好配额制度与固定电价制度的协调或
衔接：一方面，配额制度与固定电价制度作为国际发展可再
生能源的基本制度，二者虽然特点不同，但是发展可再生能
源的目标是一致的；另一方面，可再生能源涉及的技术种类
繁多，而且技术发展水平也往往是参差不齐。配额制度和绿
色证书交易制度更适合于较成熟的可再生能源技术，而竞争
力稍差些的技术则需要像固定电价制这样的政策工具，如对
不成熟的光伏发电等可以通过固定电价补贴的方式先将其扶
持发展起来。

（二）我国可再生能源市场现状

我国可再生能源市场已经初具规模，并且发展迅速。
2002 年以来，我国中央政府进行了五期风电特许权示范项
目，通过竞争性招标确定风电项目上网电价，使风电市场呈
现规模化发展的态势。2005 年《可再生能源法》的出台又使
我国可再生能源发展进入了一个新阶段。到 2008 年底，我国
水电装机总容量达到了 1.72 亿千瓦，占全部发电量的 16%；
全国风电装机容量达到了 1200 多万千瓦；光伏电池产量达
200 多万千瓦，是世界第一大光伏电池生产国；太阳能热水
器年生产能力达到了 4000 万平方米，全国累计太阳能热水器
使用量超过 1.25 亿平方米，占世界太阳能热水器总使用量的
60% 以上；生物质能开发利用也有较大发展，户用沼气池达
到了 2800 多万口，大中型沼气设施达到了 8000 多处，沼气
年利用量达到了约 120 亿立方米。2008 年的可再生能源利用

量约为 2.5 亿吨标准煤，约占一次能源消费总量的 9%。[1]
2009 年，中国又新增了 37GW 的可再生能源电力容量，可再
生能源装机容量总计已 226GW，比其他任何国家都多。其中
中国作为风电大国，2009 年新增了 13.8GW 的装机容量，占
了世界市场的 1/3 还多，相比之下 2004 年仅占 2%。[2]

我国的电网建设也取得了很大的进步，初步具备了大规
模可再生能源发电入网的条件。目前，国家电网、南方电网
这两大电网公司在电网输送能力建设上发展迅速，其中国家
电网所属的华北、华中、华东、西北、东北五大区域电网基
本覆盖了全国绝大部分省市，并基本实现了区域电网互联。
将来通过提高电网输送技术和加强电网消纳能力，这些电网
公司就具备完成国家规定的保障可再生能源入网任务的
条件。

因此，实施可再生能源配额制度所需要具备的可再生能
源市场条件基本已经达到，我们可以尝试在一些地区先行实
施配额制度，进而在全国展开，以此来加速推动可再生能源
的发展。

（三）我国可再生能源的监督管理

虽然我国可再生能源领域的监督管理体制还存在不少的
问题，对可再生能源行政管理和监管水平都还有待提高，但
是笔者相信，通过不断提高我国的可再生能源监管能力，使

---

〔1〕 转引自李艳芳："气候变化背景下的中国可再生能源法制"，载《政
治与法律》2010 年第 3 期。

〔2〕 "Renewables 2010 Global Status Report"，*Renewable Energy Policy Network for the 21st Century*，p. 10.

我国具备实施配额制的条件，可以从以下两个方面努力：

首先，按照"政监分离"的模式，恰当处理好现有可再生能源主管部门与监管部门之间的关系。目前，包括可再生能源在内的整个能源领域，都存在监管机构的监管不到位或者忽视监管的问题。其原因在于我国尚未完全摆脱能源领域存在的决策权、审批权和监督权"三位一体"的惯有模式，"政监"没有分离或者没有完全分离，这不利于我国可再生能源产业的健康发展。

其次，赋予监管部门更多的监管权限。国家电力监管委员会作为电力行业的监管者，目前其监管职能还相对较弱，关于可再生能源发电的监管需要有待加强。将来实施配额制度后，可再生能源主管部门只是负责制定国家关于可再生能源的大政方针，制定可再生能源的发展目标等宏观规划和行政审批管理等事项。对于配额制度的具体运行，如配额指标的分配、绿色证书的设计和颁发、具体的绿色证书交易规则的确定、交易过程中的纠纷解决、电子信息系统的建立等，这些都需要可再生能源监管部门统一进行监管。

（四）其他可再生能源辅助性政策

1. 经济激励政策

新《可再生能源法》中规定要建立可再生能源发展基金来支持可再生能源技术的科研及相关项目建设，但是仅有基金还不能形成制度化的经济激励机制，不能全面广泛地对可再生能源的开发利用进行激励。另外，《可再生能源法》还规定了国家将提供优惠贷款和税收优惠，我们期待能尽快出台有关优惠贷款和税收优惠的立法，并能落到实处。

随着我国可再生能源产业的快速起步并进入新的发展阶

段，我国急需进一步完善可再生能源经济激励政策。为配合配额制度的有效实施，全面有效推动可再生能源产业发展，笔者建议按照如下思路完善可再生能源经济激励政策：首先，针对可再生能源产业发展的不同阶段，选择不同的经济激励政策工具。对于处于技术研发阶段的可再生能源，应提高政府财政资助力度和稳定性；进入商业化阶段的可再生能源，可适当进行税收激励、金融优惠等。其次，积极利用国际资金。目前我国已经利用国际资金开展了许多清洁发展机制项目，但是主要还是应用于风电领域。对于其他可再生能源技术种类应用的很少，将来可以进一步拓宽应用国际上发展可再生能源的基金支持或优惠贷款资助的领域。最后，提高地方投资可再生能源的积极性。为了鼓励地方政府积极接纳可再生能源开发和与之配套的可再生能源输送设施建设，应该将本地区所开发并输入到电网中的可再生能源电量从本地区能源消费总量中扣除。

2. 其他辅助性政策

（1）推动公众参与可再生能源的开发利用。由于开发可再生能源的过程是对当地自然资源包括土地、大气等的综合利用的过程，公众对发展可再生能源的支持对于可再生能源的发展具有很重要的作用。我国可以尝试通过"净计量"等政策，推动小型可再生能源发电设备如户用太阳能设备的应用，使公众在开发利用可再生能源的过程中得到实惠。

（2）国家加强有关可再生能源领域的技术研发工作。如加强智能电网建设，为可再生能源电力顺利入网创造条件；加强对新兴的可再生能源技术的研发，逐渐降低其开发成本，从而为实施配额制度提供更多的技术种类，进一步加大可再生能源开发的规模和力度。

（3）要继续加强有关可再生能源开发利用的宣传教育活动，发动全社会的力量共同推动我国可再生能源的发展。

第二节　国外实施可再生能源配额制度的立法模式和内容

通过归纳国外实施可再生能源配额制度的经验可以看出，大多数国家首先是通过制定法律的形式包括制定详细的实施细则确立配额制度，并逐步完善制度结构，同时辅之以其他的促进性政策来共同推动其国内可再生能源的发展。

英国是较早引入配额制的国家。英国1989年制定的《电力法》（The Electricity Act 1989，2008年进行了修订）首次规定了配额制度和绿色证书系统。[1] 英国政府据此颁布了"非化石燃料公约"（Non - Fossil Fuel Obligation）（1990年起实施）来推动国内可再生能源的发展。2000年制定的《公用事业法》（The Utilities Act 2000，2008年进行了修订）[2] 规定了详细的可再生能源义务的具体内容。2002年4月英国开始实施新的可再生能源政策，即《可再生能源义务令》（The Renewables Obiligation Order 2002）和《可再生能源（苏格兰）令》〔Renewables（Scotland）Order 2002〕。随着英国实

---

〔1〕 在第一章"电力供应"第七节第32条规定了可再生能源义务和证书系统以及履行责任，在第33条规定了对化石燃料征税的规定。

〔2〕 在第四章第八节的第62~67条规定了有关可再生能源义务及绿色证书的相关内容。

施配额制度的实践不断推进，立法也日益完善，如 2006 年颁
布的适用于英格兰和威尔士地区的《可再生能源义务令》
（The Renewables Obligation Order 2006，2007 年进行了修订），
该法令对可再生能源义务作了更为详细的规定，主要内容有：
有关可再生能源发展的总量和对义务主体所承担配额进行分
配的依据；可再生能源电力，包括可再生能源技术种类、可
再生能源发电的计量；可再生能源义务的替代履行，主要是
通过在义务到期前付费的方式；可再生能源义务证书的签发，
包括可再生能源义务证书签发的程序和计算、可再生能源义
务证书注册和撤销、小型发电机的证书问题；带有惩罚性质
的额外付费，包括宽限期内的付费和延迟付费等；监管机构
的信息获得和职能，包括发电站的初步评审和认证；等等。
2007 年苏格兰和北爱尔兰地区也分别颁布了可再生能源义务
令〔〔The Renewables Obligation（Scotland）Order 2007〕和
〔The Renewables Obligation Order（Northern Ireland）2007〕〕。
这些立法推动了英国采用配额制度来发展国内的可再生能源，
但是该义务令的许多内容仍有很多限制因素，需要对其进行
进一步完善。

　　意大利在推动国内电力市场自由化改革时，也同时制定
了《电力法》（1999 年制定，2009 年修订，一般简称为
No. 79/99），该部法律对意大利将要实施的可再生能源配额
制度及绿色证书交易作了比较详细的规定，但是意大利是从
2003 年 3 月以后才开始全面实施该法律的。

　　澳大利亚的可再生能源配额制度主要规定在三部法律和
一部法规中。在立法的推动下，澳大利亚从 2001 年开始实施
配额制。澳大利亚的三部法律是：①《2000 年可再生能源

（电力）法》［Renewable Energy（Electricity）Act 2000］，该法目前已被修订了 7 次。②《2000 年可再生能源（电力）收费法》［Renewable Energy（Electricity）（Charge）Act 2000］，该法目前已被修订了 3 次。2011 年 1 月 1 日后，该法的名字改为《2000 年可再生能源（电力）大规模发电短缺补偿法》［Renewable Energy（Electricity）（Large – scale Generation Shortfall Charge）Act 2000］。③《2010 年可再生能源（电力）小规模技术发电短缺补偿法》［Renewable Energy（Electricity）（Small – scale Technology Shortfall Charge）Act 2010］。一部法规是《2001 年可再生能源（电力）法规》［Renewable Energy（Electricity）Regulations 2001］。上述三部法律及修正案确立了发展可再生能源的目标框架和配额制度的具体设计，主要制度内容有：从 2001 年至 2030 年的可再生能源发展目标，可再生能源电厂的资格要求，小规模可再生能源发展计划，小规模可再生能源技术的证书以季度为周期的收回制度，太阳能热水器、热泵热水器和小型发电机组的资格要求等。《2001 年可再生能源（电力）法规》规定了更详细的实施规则，主要内容包括与可再生能源相关的资格准则、可再生能源发电站的评审、太阳能热水器和小发电机组的资格要求。

美国虽然在联邦层面的立法中没有规定配额制的内容，但是已经有很多的州通过制定州层面的立法实施可再生能源配额制，具有代表性的是德克萨斯州的可再生能源配额制。该州于 1999 年修订的《公用事业监管法》（1975 年首次制定，2005 年又进行了修订）规定在该州推行电力市场化改革的同时实施可再生能源配额制度，并明确规定从 2002 年起正式实

施配额制度，虽然实际上 2001 年 7 月就已开始实施[1]。随
后德克萨斯州公用事业管理委员会制定了相关实施细则〔
Public Utility Committee（PUC）Substantive Rules〕，对如何实
施可再生能源配额制作了详细规定。[2]

日本一直以来就注重通过立法来促进可再生能源的发展。
1997 年 4 月 18 日，日本制定了《促进新能源利用特别措施
法》，大力发展风力、太阳能、地热、垃圾发电和燃料电池
发电等新能源与可再生能源。为贯彻实施《促进新能源利用
特别措施法》，同年又制定了《促进新能源利用特别措施法
施行令》（之后经过多次修改），具体规定了可再生能源技术
的开发利用范围、中小企业者的资格范围。[3] 日本为了进一
步提高可再生能源在国内能源供应中的比重，于 2003 年制定
了《可再生能源配额制法》（Renewable Portfolio Standard
Law），该法规定了实现可再生能源发展目标的具体手段或措

---

〔1〕 该法有关配额制度的规定体现在第 39.904 条 "可再生能源目标"（§
39.904，"Goal for Renewable Energy"）中，主要内容包括：州可再生能源发展
的总体目标和阶段性目标；由州公用事业委员会建立一个可再生能源信用交易
系统（Renewable Energy Credits Trading Program）；州公用事业委员会必须于 2000
年 1 月 1 日前制定出关于配额义务管理及执行的具体实施规则，包括配额义务分
配及遵守规则、新建可再生能源项目的选址规则；明确界定了实施配额制的可
再生能源种类。德克萨斯州是美国国内首次对可再生能源信用交易系统作出规
定的州。

〔2〕 该规则有关配额制度的规定体现在第 25.173 条 "与可再生能源目标
有关的规则"（§25.173 "Related to Goal for Renewable Energy"）中。主要内容
包括：可再生能源信用交易系统的信用登记、交易及终止的条件和流程；配额
目标及义务分配标准；监管主体职责；义务主体的义务遵守及惩罚措施等。

〔3〕 吴志忠："日本能源安全法律政策及其对中国的启示"，转引自黄进
主编：《中国能源安全问题研究——法律与政策分析》，武汉大学出版社 2008 年
版，第 260 页。

施，即义务主体可以通过三种途径来实现其配额义务：通过自己生产可再生能源电力、通过购买其他可再生能源生产者生产的电力、通过购买"新能源证书"（New Energy Certificates），并对这三种实现手段作了立法规定。[1]

通过对国外有关实施可再生能源配额制度的立法情况的梳理可以看出，国外实施配额制度比较成功的国家往往有全面而良好的制度设计，如有明确且不断提高的可再生能源发展总量目标，该目标要与环境和经济发展目标相适应，从而有助于设定配额制的实施范围、时间安排和增长比例要求；有相对固定的可再生能源义务主体；有明确而全面的可再生能源技术种类，这能为开发商或投资者开发可再生能源提供方向，也有利于全面开发一国或地区的可再生能源；具体可行的绿色证书交易规则和有效的证书市场管理，包括证书的颁发（注册）及内容、证书的交易、证书的有效期设置、证书撤销及比较灵活的证书履行机制；等等，从而便利于配额义务主体选择以更经济、有效率的方式来履行配额义务。此外还须有明确而强有力的监管机构以及明确而恰当的法律责任。

当然，良好的外部实施条件也有助于配额制度的顺利推行：首先，优良的自然资源条件。以实施可再生能源配额制度比较成功的美国德克萨斯州为例，该州具有丰富的风力资源，这就为该州的风电发展创造了条件。该州还是美国最大的农业州，全州80%的土地是农场和牧场，因而能够为发展

---

〔1〕 "Japan for Sustainability, Utility Quota Obligation", *Renewable Energy Policy Network for the 21st Century.*

生物质能提供丰富的原材料。没有一定的自然资源条件作为基础，再好的制度也不可能顺便地实施。其次，具备相对成熟的市场条件。国外实施配额制度的国家或地区往往电力市场化改革比较彻底，电力市场上竞争比较充分。这就为开展绿色证书交易或绿色电力交易提供了市场条件。另外，良好的投资环境以及能源行业和社会公众对配额制度的认可等都对配额制度的顺利推行起了很重要的作用。

第三节　我国可再生能源立法相关内容存在的问题及完善

一、我国可再生能源立法相关内容存在的问题

《可再生能源法》的出台，是中国能源立法上迈出的一大步，为我国可再生能源发展提供了坚实的法律保障，法律实施两年来，我国可再生能源发展取得了明显进步。同时，随着实践工作的进一步推进，《可再生能源法》也逐渐暴露出了一些问题，这会或多或少影响我国将来实施可再生能源配额制度。这些问题有的是沿袭我国环境资源立法的"软法性"传统造成的，有的是该法自身的一些不周延规定造成的，主要体现在以下几个方面：

（一）立法可操作性不强

1. 配套法规不健全

《可再生能源法》总体上只是一个框架性的法律，需要由国务院及国务院能源、价格、建设、标准化等行政主管部

门或者省级人民政府等制定配套性规定。这些配套性规定既是可再生能源立法不可或缺的有机组成部分，同时也是其得以有效实施的重要前提条件之一。配套性规定的缺失或滞后会极大影响《可再生能源法》的实施效果。到目前为止，我国虽然已经出台了一些配套性规定，但还有不少重要的配套性规定尚待出台，如不同可再生能源种类适用《可再生能源法》的规定、可再生能源开发利用财税法规政策、资源调查的技术规范等。

另外，已经发布的一些配套细则或规划滞后于 2005 年出台《可再生能源法》，如《可再生能源发展专项资金管理暂行办法》是 2006 年 5 月 30 日发布的，《可再生能源电价附加收入调配暂行办法》是 2007 年 1 月 11 日发布的，《可再生能源中长期发展规划》是 2007 年 9 月才予以公布的。

2. 原则性规定较多

《可再生能源法》作为全国适用的法律，为兼顾各地的不同情况，有些规定比较原则化，主要以鼓励性的法律规范为主要内容，直接进行行政控制和管理的规范条文很少。这些规定只是表明了国家的一种鼓励支持的态度，缺乏可操作性。此外，尽管法律规定中有些原则性的条款是通过授权有关部门制定实施细则或标准规范来保障其有效实施，但没有用法律的形式把制定期限明确下来，缺少了法律的约束和督促，致使很多部门未能及时出台相应的规范性文件，因而法律的可操作性差。

以《可再生能源法》第 24 条规定的可再生能源发展基金为例，虽然它列举了发展基金的用途，但并未规定资金的分配比例、资金使用的责任制和资金最终的使用者等内容。

发展可再生能源的环节很多，有急有缓，有先有后，如果对各个环节不加区分必将导致资金的使用率不高，发展基金可能会变成公用资金。此外，发展基金由谁使用并承担因不可避免的开发风险或使用不当而无法达到的预期收益的责任更没有明确的规定。

3. 基本术语含义不明确

立法中将可再生能源资源与可再生能源混同使用，如《可再生能源法》第 2 条对可再生能源的立法定义是："本法所称可再生能源，是指风能、太阳能、水能、生物质能、地热能、海洋能等非化石能源。"这个定义实际上没有揭示可再生能源的内涵，只是规定了可再生能源的表现形式和外延。国家鼓励开发利用可再生能源主要是鼓励用风、水、太阳资源、生物质、地热、海洋等资源并把它们转换成能源。由于可再生能源资源的"可再生性"，因此，国家鼓励开发利用。但是一旦这些资源转换为能源，则应当节约使用。

（二）与其他法律不协调

《可再生能源法》与我国《电力法》、《节约能源法》、《环境保护法》以及财政立法、金融立法、农业立法等相关立法存在不协调之处，将来在修订《可再生能源法》时应该考虑与相关立法的协调，并进行完善。[1]

（三）公众参与机制不健全

解决我国能源短缺，很重要的一部分工作就是培养公众的能源节约意识，让公众参与到政策的决定机制及能源监管

---

[1] 详见李艳芳、刘向宁："论我国《可再生能源法》与其他相关立法的协调"，载《社会科学研究》2008 年第 6 期。

过程中,《可再生能源法》第 4 条第 2 款规定"国家鼓励各种所有制经济主体参与可再生能源的开发利用,依法保护可再生能源开发利用者的合法权益",该法鼓励支持公众对可再生能源的开发利用之参与,这无疑意味着国家全面扩大可再生能源的利用范围和利用广度,但是这一条款除了明确赋予公众参与可再生能源利用的权利外,缺乏赋予公众在相关政策、规划制定中和开发建设项目实施之前参与的权利,以及缺乏赋予公众对违反相关法律行为后参与的权利,即缺乏首端参与、过程参与及末端参与的权利。因此,该法关于公众参与的规定仍属于倡导性的规范,并未真正将公众参与规定为一项具体可行的制度。

另外,《可再生能源法》第 9 条明确要求"编制可再生能源开发利用规划,应当征求有关单位、专家和公众的意见,进行科学论证",这体现了一定的科学化、民主化精神,但该条规定只是一种原则性的政策宣示,不具有可操作性。对于配套性规则和标准的制定、发展目标的确定、许可证的审批、检测与执法等方面和环节,《可再生能源法》均未赋予社会公众知情权和参与权。

因此,我国并未建立政府管理与公众参与、社会制衡相结合的可再生能源立法执行机制,而是单纯依赖政府公力执行。这样,一方面,政策的稳定性、连续性通常较差,再加上政府失灵普遍存在,政府内部监督制约机制往往流于形式,社会制衡机制缺位,可再生能源政策实施的确定性、有效性可能会大大降低,影响立法目的和目标的充分实现;另一方面,监督管理机制自身的缺陷、执法能力的不足以及执法意愿的欠缺等因素也会对执行效果产生不良影响。

（四）法律责任不明确

1. 行政机关的法律责任不明确

《可再生能源法》几乎通篇都涉及国家机关在可再生能源开发利用中的职责，为许多相关主管部门设定了具体的义务，但对这些部门行政行为的期限和责任等方面未多作规定，只有第28条有法律责任的规定。承担责任的方式有：责令改正，对负有责任的主管人员和其他直接责任人员依法给予行政处分，构成犯罪的依法追究刑事责任。至于违背哪一条款给予行政处分或者定罪量刑均没有具体规定，因此，该法对行政机关的不作为及违法行政行为没有明确具体的法律责任规定，使该法的实施效果大打折扣。

2. 能源经营企业的法律责任不明确

针对三类能源经营企业包括电网企业，经营燃气管网、热力管网的企业以及石油销售企业的主要手段有承担赔偿责任、责令限期改正、处以损失额一倍以下的罚款。该法对损失额的范围规定得比较模糊。对于是否包括间接损失无从得知，在实际执法过程中不具有可操作性。如果不包括间接损失就难以弥补可再生能源企业在能源经营过程当中受到的损失，打击其从事可再生能源开发利用的积极性，这有悖于我国大力发展可再生能源这一新兴产业的初衷。

二、可再生能源法的完善建议

1. 健全可再生能源政策法规体系

首先，当务之急是制定相关配套性法规或实施细则。

其次，应当考虑根据不同类型可再生能源技术的发展水平及其市场化程度等状况，以《可再生能源法》以及相关配套性规定为基础，进一步制定分别针对水电、风能、生物质能、太阳能等不同形式可再生能源开发利用的单项法律或者行政法规，形成以《可再生能源法》为基础，以可再生能源开发利用的单项法律或者行政法规为骨干的可再生能源立法体系。

最后，健全可再生能源财政、税收的法规政策。例如，针对风电投资成本高这一问题，研究如何通过优惠政策的合理组合，包括支持大型国产风机研发、补助国产风机采购、风电项目贷款贴息、延长贷款期限等手段，减低投资成本；合理降低风电的增值税税负，既要保持适当的税率，也要调动地方发展风电的积极性。

2. 完善可再生能源财政激励规定

（1）进一步完善可再生能源发电的定价机制。从目前来看，所有项目都由政府能源主管部门去组织招标，政府和投资者的管理成本都很高。笔者建议今后只对列入国家规划的、超过一定规模的大型风电场项目实施招标定价，对其他中小型风电场项目，可以参照就近大型风电场项目的招标定价确定其价格。

（2）综合利用各种财政扶持手段。建议采用一些比较成熟的融资方式，如融资租赁、担保信贷、政府债券等方式，为可再生能源开发利用提供全方位的财政支持。

3. 完善公众参与机制

可再生能源作为新兴产业，要真正发展起来、被公众认可并广泛使用，必须调动群众的积极性，赋予公众在能源开发利用中参与的权利。公众参与机制不能仅停留在倡导性或鼓励性的层面，必须上升为一种强制性的制度，规定完整的程序，使公众参与真正能有章可循地运转起来。

首先，信息公开是公众参与的前提，应建立和完善信息披露和法律实施情况的报告制度。建立和完善有关规划编制、项目审批、价格制定等方面的政府信息公开制度，确保社会各方能够及时了解政府决策信息，获得参与决策和获得救济的权利。同时，应建立定期的可再生能源法实施情况报告制度，由国务院和省级能源综合管理部门定期向同级人大常委会报告可再生能源法实施情况，并向社会公布。

其次，应在可再生能源制定规划阶段、推广利用阶段及价格管理中都规定公众参与的程序，对听证的主持人、具体程序及结果都要有明确的规定，这样公众参与才会真正取得应有的效果。

最后，推进行业协会和民间组织的发展，鼓励其参与可再生能源领域的公共决策、监督管理和中介服务等活动。

4. 完善、细化法律责任

针对政府机关在可再生能源监管中的职责，规定详细而明确的法律责任，尤其是明确刑事责任的具体依据；对于可再生能源经营企业的责任，明确损失额包括间接损失，从而使可再生能源企业的合法利益得到有效保护，以更大的热情投身于这一新型产业的开发利用中去。

5. 加强法律语言的严密性，增强立法的可操作性

法律语言的严密程度反映了一国的立法技术水平，我们应尽量提高法律语言的逻辑性和严密性，具体到《可再生能源法》而言，应对可再生能源的内涵和外延作出明确规定；法律条款之间逻辑严密，避免法律漏洞的出现。可再生能源的概念是在 1981 年 8 月联合国在内罗毕召开的新能源和可再

生能源会议上确定的。这次会议有150多个联合国成员国参加，会议通过了《促进新能源和可再生能源发展与利用的内罗毕行动纲领》。该纲领对可再生能源作了明确界定，即"新的可更新的能源资源采用新技术和新材料加以开发利用，它不同于常规的化石能源，可持续发展，几乎是用之不竭，消耗后可得到恢复和补充，不产生或很少产生污染物，对环境无多大损害，有利于生态良性循环。"我们在立法中可以借鉴该纲领的定义。此外，立法中尽量避免宣示性、号召性的语言，切实提高法律的可操作性。

第四节 我国实施可再生能源配额制度的立法建议

一、立法形式

立法所具备的稳定性、明确性及强制性是其他政策措施所无可比拟的。新《可再生能源法》作为可再生能源领域的综合性法律，已经对总量目标、发展规划、全额保障性收购等作了原则性规定。由于配额制度的实施需要更多的规则和具体制度上的支持，我们虽然没有必要单独制定一部法律，但是最好还是以实施细则或管理办法的方式对该制度的内容和实施程序等作出具体规定（目前我国已经开始着手制定相

关的规定）[1]，本书将立法名称暂定为《可再生能源发电配
额制度管理办法》（以下简称《管理办法》）。绿色证书交易
制度在实施中涉及监管、系统建设、证书的交易等，笔者建
议目前在《管理办法》中一并作出规定，待将来实施条件成
熟后，可另行对绿色证书交易单独制定实施办法。

二、立法主要内容

笔者建议在《管理办法》中主要规定以下几个方面的
内容：

（一）总量目标和配额标准

我国《可再生能源中长期规划》和《可再生能源发展
"十二五"规划》已经对可再生能源发展的总量目标作了明
确规定[2]，《可再生能源发展"十三五"规划》还会对可
再生能源在"十三五"时期的发展总目标作出规定，因此在
《管理办法》中只规定原则性的总量目标即可，不必再规定
目标的具体内容。

---

〔1〕"并网配额破瓶颈　可再生能源发电掀高潮"，载《中国联合商报》，
http://www.energylaw.org.cn/html/news/2010/5/29/2010529223424216.html，最
后访问时间：2010 年 5 月 29 日。

〔2〕2007 年 8 月公布的《可再生能源中长期规划》规定，"力争到 2010 年
使可再生能源消费量达到能源消费总量的 10%，到 2020 年达到 15%"。并规定
了水电、生物质能、风能、太阳能、地热能的具体可再生能源技术领域和农村
地区可再生能源 2010 年和 2020 年的发展目标。

《可再生能源发展"十二五"规划》规定，"到 2010 年，可再生能源在能源
消费中的比重达到 10%，全国可再生能源年利用量达到 3 亿吨标准煤"，并对水
电、风电、生物质发电、沼气、太阳能、燃料乙醇、生物柴油等具体技术领域
以及农村地区的可再生能源规定了发展目标。

对于配额指标的分配标准和原则，应该将《可再生能源
中长期发展规划》中鼓励发展的各种可再生能源技术规定作
为进行配额分配的最低标准，而不是最高标准，这样才能起
到发展可再生能源的作用。由于我国幅员辽阔，各地区的可
再生资源禀赋不同、发展水平不同，因此，我们最好在将国
家目标分解为各地区目标和各种可再生能源技术种类目标的
前提下，坚持全国配额与各地区配额相结合、不同可再生能
源技术种类分别配额的原则。也就是说，在配额制度实施初
期，可以要求可再生资源条件和经济发展水平较好的地区承
担相对多的配额义务，欠发达地区且可再生资源条件差的地
区可以少承担些义务；可再生能源技术相对成熟且市场化程
度较高的，如风电、生物质发电行业等可以承担较多的配额
义务，而技术落后且市场化处于起步阶段的行业可以少承担
些配额义务。等将来实施一段时间后，可以尝试进行等额
分配。

（二）义务主体

电力市场化改革后，我国的电力市场领域已经实现了发
电和输配电领域的分离，即发电与电网基本实现了分离。为
了更好地完成发展可再生能源的目标，目前可以将配额主要
配给发电企业。为了解决我国可再生能源发电面临的"入网
难"的重大难题，考虑到电网企业对于推动可再生能源发展
的基础保障性作用，应规定电网企业要相应地承担配额义务。
将来我国电力体制进一步实行对输配电领域的分离时，为了
更全面地实现发展可再生能源的目标，从发电到输配电等领
域应全面引入配额制度；还可尝试将大的电力用户，甚至包
括政府机关用电都纳入配额义务主体范围。为了发挥地方政

府在发展可再生能源发电中的积极性，笔者建议由地方政府对本地区发展可再生能源的配额义务完成情况承担行政责任。

（三）可再生能源技术种类

由于配额制度不偏好某种可再生能源技术种类，如果任由其发展，那么新兴的比较薄弱的可再生能源技术将长期得不到发展，因此有必要对可再生能源进行分类管理、分别配额。对于新的和不成熟的可再生能源技术可以制定特殊的政策，如每发 1 千瓦时电力其获得的可再生能源义务证书的数量要多于成熟的可再生能源技术所发的电力，如风电、生物质发电等。随着我国可再生能源配额制度在具体实践中的不断完善，可以考虑将应用配额制度的行业从可再生能源电力行业逐渐扩展到其他行业，如生物燃料等行业的配额。

（四）绿色证书交易机制

绿色证书交易机制作为完成配额制度的重要履行措施和手段，对于更快、更好地实现配额目标起着重要的保障作用。我国将来实施配额制度时也要相应建立绿色证书交易机制。在《管理办法》中对证书交易的具体监督管理机构、证书持有主体的资格认证、证书的注册、证书的内容与形式、证书的交易流程、证书时效以及终止条件等作出明确的规定。

（五）监管机构

2008 年国务院机构改革后新成立的国家能源局作为我国能源领域的行业主管部门，其职责的一部分就是负责制定可再生能源领域的政策措施和行业管理规定，因此，有关可再生能源配额制度的总体规划或政策制定仍然由国家能源局负责。

电力监管委员会作为电力监管的政府部门，有关可再生能源发电的监管也是其职责之一。所以电力监管委员会仍然负责对配额制度实施的监管工作；对于绿色证书交易的管理，我们可以借鉴证券交易所的方式成立中立的第三方来进行市场运营和管理，电力监管委员会只负责对其运营情况的监管，不对其做过多的行政干预，以充分发挥市场配置资源的作用。

（六）法律责任

在法律责任的种类上，对于未完成配额义务的单位和个人，主要对其处以经济处罚；同时，鉴于我国绝大部分的电力企业属于国家所有的国情，必要时对单位负责人课以行政责任。在法律责任的额度上，所设定的经济处罚数额一定要大于目前我国生产该种可再生能源电力的边际成本，以避免义务主体将交纳罚款作为逃避配额义务的手段，从而违背了我国发展可再生能源的初衷。

附　录

《可再生能源配额制度管理办法》
立法建议稿

第一章　总　则

第一条（立法目的） 为实现我国发展可再生能源的目标要求，进一步开发和利用可再生能源，加快资源节约型和环境友好型社会建设，促进经济发展方式转变和社会的可持续发展，发展多元化能源，保障能源安全，依据《中华人民共和国可再生能源法》的规定，更好地实施可再生能源发电配额制度，特制定本管理办法。

第二条（定义） 本办法所称"可再生能源"是指《中华人民共和国可再生能源法》规定的风能、太阳能、水能、生物质能、地热能、海洋能等非化石能源。本办法所称"可再生能源发电"是指能够并网的风力发电、太阳能发电、水能发电、生物质发电、地热发电、海洋能发电等。可再生能源电力是指风力发电、太阳能发电、生物质能发电、地热发电、海洋能发电和其他非水电可再生能源发电技术。

第三条（定义）　本办法所称"可再生能源发电配额指标"
（以下简称"配额指标"）是指依照本办法规定，配额义务承担
主体在其提供的电量中必须有规定的数量来源于非水电可再生
能源发电。

第四条（地区规划）　国家可再生能源主管部门应当根据国
家发展可再生能源的总量目标对国家可再生能源规划建设区域
提前组织评估。据此，对各区域承担的配额指标进行分配。各
级地方可再生能源主管部门相应地对本地区应承担的配额指标
在本地区内进行规划。

第五条（适用范围）　本办法适用于可再生能源发电配额制
度实施过程中有关的信息收集、整理、审核、统计和发布工作
及可再生能源绿色证书的转让管理等相关工作。

第二章　监督管理

第六条（总量目标）　可再生能源主管部门应该根据我国
《可再生能源中长期规划》制定的发展可再生能源的目标，在进
行调查研究的基础上，定期制定短期可再生能源发展目标，始
于 2010 年，截止到 2020 年。

第七条（主管部门）　国家能源主管部门作为全国可再生能
源发电配额制度实施的主管单位，负责制定可再生能源发电配
额指标及具体实施办法，指导、监督、协调可再生能源发电配
额指标考核工作。

第八条（监管部门）　国家可再生能源发电监管机构负责全
国可再生能源发电信息收集、整理、审核、统计和发布工作，
并承担可再生能源发电配额指标的考核，以及可再生能源绿色

证书的内容及形式设计、颁发、交易合同设计、信息统计等具体工作。

第九条（具体运营） 国家可再生能源监管机构自己或委托第三方建立可再生能源工程信息数据库、信息收集网络系统平台、可再生能源发电配额信息管理系统和可再生能源绿色证书交易系统等，用信息化手段对全国可再生能源发电信息进行动态管理。

第十条（企业的配合义务） 大型发电企业、可再生能源发电企业应按照国家可再生能源信息管理机构要求，及时做好可再生能源信息的汇总与提交工作。

第三章 主 体

第十一条（发电义务主体） 截止到＿＿＿年底，火电装机容量超过＿＿＿万千瓦（含）以上的发电企业和＿＿＿年前任一年火电装机容量达到＿＿＿万千瓦（含）的发电企业，其业主包括中央管理企业、地方政府管理企业和其他电力投资企业，承担可再生能源发电配额义务。火电装机是指煤炭、石油、天然气发电装机。

第十二条（电网义务主体） 国家电网公司、南方电网公司等电网公司负责各自经营区域覆盖范围内可再生能源电力的保障性收购义务，由国家根据其电网承受能力和发展潜力，确定其每年的可再生能源电力入网指标。

第四章 配额分配

第十三条（规划衔接） 各级可再生能源主管部门要将可再生能源规划和电网规划充分衔接，要为承担发电配额指标的企业完成配额制义务提供便利条件。

第十四条（发电配额核算单位和考核周期） 可再生能源发电配额指标按可再生能源电量核算，1 兆瓦时为 1 个核算单位。可再生能源发电配额目标考核周期为每____年考核一次，直至 2020 年。

第十五条（发电配额指标） 承担可再生能源发电配额义务的发电企业在本办法实施期间，其可再生能源发电量占自身全部发电量比例应逐年增加。

第十六条（电网配额指标） 各区域电网公司根据本区域的可再生能源发电情况，相应地承担保障性收购义务，完成国家规定的对可再生能源电力入网的强制性指标要求。

第十七条（电网保障性收购指标） 负责电网保障性收购可再生能源电力的电网企业，应根据国家能源发展战略和可再生能源发展战略，重点提高其在国家可再生能源资源富集地区和重点发展地区收购可再生能源电力的保障能力。对发电企业根据国家可再生能源规划建设的发电项目，在建成并具备并网条件之日起三个月内，电网企业应对其实施保障性收购。国家能源主管部门对承担保障性收购的电网企业目标年全部收购电量中来自于可再生能源发电的比例设定最低指标。

第十八条（充分利用已建电网资源） 为了发挥可再生能源资源区域优势并充分利用已建电网资源，结合国家规定的可再生能源发展目标，国家电网所属的东北电网有限公司、华北电网有限公司和华东电网有限公司，_____年_____月_____日前，其当年全部收购电量中的_____需来自于可再生能源发电技术。

第五章 绿色证书管理

第十九条（证书有效期） 绿色电力证书由国家可再生能源主管部门负责核定和颁发，绿色电力证书的有效期自发证时间起_____年_____月。在有效期内，绿色电力证书可以进行转让，有效期截止后绿色电力证书失效，不能再作为完成义务的证明，且不能再进行转让。

第二十条（证书的颁发） 建成或并网发电的可再生能源企业都可参与绿色电力证书核发申请。可再生能源发电企业应按照规定提交相关信息，经国家可再生能源信息管理机构核准之后颁发相应数量的绿色电力证书配额。合格的绿色电力证书申请和核发周期为一个自然月。

第二十一条（证书的交易主体） 参与绿色电力证书转让的企业为符合我国《公司法》要求的合格法人，企业按照规定提交本企业相关信息和绿色电力证书转让申请，经国家可再生能源信息管理机构核准通过之后可以参与绿色电力证书转让工作。

第二十二条（绿色证书的计算） 绿色电力证书基本核算单位1MWh。绿色电力证书交易应依据公平自由的交易原则，采用市场的方式完成转让。国家可再生能源监管机构有权对违反上述原则的企业进行通报，并将违规行为与建议处理措施上报国家能源主管部门。

第二十三条（绿色证书的核算） 绿色电力证书作为完成可再生能源发电配额义务指标的证明。国家可再生能源监管机构将根据可再生能源发电配额义务承担者提交的信息，按照其所有者权益核算其拥有的绿色电力证书总量。考核完成后对可再生能源发电配额义务承担者提交的可再生能源证书进行冻结。

第二十四条（证书转让管理） 绿色电力证书转让由国家能源主管部门组织国家可再生能源信息管理机构等单位另行制定《可再生能源绿色证书转让管理细则》。

第六章 监 管

第二十五条（登记和更新） 承担可再生能源发电配额义务的发电企业、负责全额保障性收购可再生能源发电的电网企业，在本办法执行期间内，每年____月____日之前向国家可再生能源监管机构报送上一年度末的上述信息。

第二十六条（核准和发布） 国家可再生能源监管机构负责对登记和报送的信息进行核查，汇总后报国家能源主管部门核准，并于每年的____月____日之前向社会公布。承担发电配额义务的发电企业名单由国家可再生能源管理部门每年根据发电企业实际业绩进行认定并向社会公布。

第七章 激励措施

第二十七条（精神激励） 国家对于按时完成配额指标义务的企业予以表彰。对于未按时完成配额指标义务的企业或者提供虚假信息的企业予以通报，将相关情况与建议处理措施报国家能源主管部门审定，并接受社会批评和监督。

第二十八条（节能减排激励） 为了鼓励地方政府积极发展可再生能源，在"十二五"末和"十三五"末的国家节能减排指标核算时，本办法所指可再生能源电力由电网企业全额收购后，按发电企业的属地，其全部电量可从本省、自治区、直辖市的能耗总量中扣除。

第二十九条（经济激励） 为鼓励电网企业积极接纳可再生

能源发电，对连接可再生能源发电基地的高压输电线路建设和智能电网改造，国家财政预算应给予优先安排，国家政策性银行应给予倾斜性贷款。

第十章　法律责任

第三十条（发电企业）　承担可再生能源发电配额义务的企业，在规定的年份内未完成其应该承担的可再生能源发电配额指标时，允许其____年的宽限期用于补足其未完成的义务。逾期仍完不成其指标义务的，由国家电力监管委员会根据配额指标执行年度电价的____倍罚款。

第三十一条（发电企业主要负责人）　国有发电企业实施配额指标的结果，作为对该单位主要负责人的考核项目之一；完不成配额指标的单位，将影响到该单位主要负责人的考核项目之一；情节严重的，该单位主要负责人要承担一定的行政责任。

第三十二条（电网企业）　承担可再生能源发电保障性收购义务的电网企业，因电网建设或技术问题不能保障性收购发电企业的可再生能源发电电量并造成发电企业损失的，应对发电企业的损失进行赔偿。

第三十三条（罚款使用）　对发电企业和电网企业所缴纳的罚款，最终纳入可再生能源发展基金统一管理和使用。

附　则

第三十四条　本办法由国家可再生能源主管部门负责解释。

第三十五条　本办法自_____起施行。

参考**文献**
References

一、著作

（一）国内著作

1. 周珂：《环境法》，中国人民大学出版社 2005 年版。

2. 谭玲主编：《市场监管法律问题研究》，中山大学出版社 2006 年版。

3. 仇保兴、王俊豪等：《中国市政公用事业监管体制研究》，中国社会科学出版社 2006 年版。

4. 盛洪主编：《现代制度经济学》（上下卷），北京大学出版社 2004 年版。

5. 张勇编著：《能源资源法律制度研究》，中国时代经济出版社 2008 年版。

6. 汪劲总主编、邓海峰著：《排污权：一种基于私法语境下的解读》，北京大学出版社 2008 年版。

7. 汪全胜：《制度设计与立法公正》，山东人民出版社 2005 年版。

8. 刘灿、张树民、宋光辉：《我国自然垄断行业改革研究：管制与放松管制的理论与实践》，西南财经大学出版社 2005 年版。

9. 谭忠富等:《我国电力产业价格链设计理论及方法》,经济管理出版社 2008 年版。

10. 时璟丽:《可再生能源电力价格形成机制研究》,化学工业出版社 2008 年版。

11. 魏宏:《法律的社会学分析》,山东人民出版社 2003 年版。

12. 眭鸿明:《权利确认与民法机理》,法律出版社 2003 年版。

13. 游劝荣:《法治成本分析》,法律出版社 2005 年版。

14. 苏力:《波斯纳及其他——译书之后》,法律出版社 2004 年版。

15. 黄进主编:《中国能源安全问题研究——法律与政策分析》,武汉大学出版社 2008 年版。

16. 刘伟:《反垄断的经济分析》,上海财经大学出版社 2004 年版。

17. 史际春等:《反垄断法理解与适用》,中国法制出版社 2007 年版。

18. 王树义主编:《可持续发展与中国环境法治——〈中华人民共和国环境保护法〉修改专题研究》,科学出版社 2005 年版。

19. 曹瑞钰编著:《环境经济学》,同济大学出版社 1993 年版。

20. 吴宏、胡伟:《市场监管法论——市场监管法的基础理论与基本制度》,北京大学出版社 2006 年版。

21. 周大地主编:《中国能源问题》,新世界出版社 2006 年版。

22. 胡鞍钢、吕永龙主编:《能源与发展——全球化条件下的能源与环境政策》,中国计划出版社 2001 年版。

23. 倪健民主编:《国家能源安全报告》,人民出版社 2005 年版。

24. 刘华美:《竞争法与能源法》,元照出版公司 2009 年版。

25. 何建坤主编:《国外可再生能源法律译编》,人民法院出版社 2004 年版。

26. 龚向前:《气候变化背景下能源法的变革》,中国民主法制出版社 2008 年版。

27. 史际春:《探究经济和法互动的真谛》,法律出版社 2003 年版。

28. 史丹等:《中国能源工业市场化改革研究报告》,经济管理出版社 2006 年版。

29. 任东明:《可再生能源配额制政策研究——系统框架与运行机制》,中国经济出版社 2013 年版。

30. 中国能源发展报告委员会编:《中国能源发展报告(2003)》,中国计量出版社 2003 年版。

31. 毛如柏、安健主编:《中华人民共和国可再生能源法释义》,法律出版社 2005 年版。

32. 李俊峰、王仲颖主编:《中华人民共和国可再生能源法解读》,化学工业出版社 2005 年版。

33. 沈满洪:《环境经济手段研究》,中国环境科学出版社 2001 年版。

34. "中华人民共和国国民经济和社会发展'九五'计划和二〇一〇年远景目标纲要",载《全国人民代表大会常务委员会公报》1996 年 3 月 17 日。

(二)中文译著

1. [澳]艾德里安·J. 布拉德布鲁克、[美]理查德·L. 奥汀格主编:《能源法与可持续发展》,曹明德、邵方、王圣礼译,法律出版社 2005 年版。

2. [美]约瑟夫·P. 托梅因、[美]理查德·D. 卡达希:《美

国能源法》，万少廷译，张利宾审校，法律出版社 2008
年版。

3. ［英］M. G. 韦布、［英］M. J. 里茨基:《能源经济学》，罗
根基译，西南财经大学出版社 1987 年版。

4. ［美］阿瑟·奥肯:《平等与效率》，王奔洲等译，华夏出版
社 1999 年版。

5. ［美］阿兰·斯密德:《制度与行为经济学》，刘璨等译，中
国人民大学出版社 2004 年版。

6. ［美］阿兰·兰德尔:《资源经济学——从经济角度对自然资
源和环境政策的探讨》，施以正译，商务印书馆 1989 年版。

7. ［美］巴泽尔:《产权的经济分析》，费方域、段毅才译，上
海三联书店、上海人民出版社 1997 年版。

8. ［美］哈罗德·德姆塞茨:《竞争的经济、法律和政治维度》，
陈郁译，上海三联书店 1992 年版。

9. ［美］罗杰·珀曼等:《自然资源与环境经济学》，侯元兆等
译，中国经济出版社 2002 年版。

10. ［美］小贾尔斯·伯吉斯:《管制与反垄断经济学》，冯金华
译，上海财经大学出版社 2003 年版。

11. ［美］萨利·亨特:《电力市场竞争》，易立云、杨海波、乔
涛译，中信出版社 2004 年版。

12. ［美］汤姆·惕藤伯格:《环境经济学与政策》，朱启贵译，
上海财经大学出版社 2003 年版。

13. ［美］弗兰克·H. 奈特:《风险、不确定性与利润》，郭武
军、刘亮译，商务印书馆 2006 年版。

14. ［美］罗伯特·D. 考特、［美］托马斯·S. 尤伦:《法和经
济学》，施少华、姜建强等译，张军审校，上海财经大学出

版社 2002 年版。

15. ［美］丹尼尔·F. 史普博：《管制与市场》，余晖等译，余晖总校，格致出版社、上海三联书店、上海人民出版社 2008 年版。

16. ［美］保罗·罗伯茨：《石油的终结》，吴文忠译，中信出版社 2005 年版。

17. ［美］凯斯·R. 孙斯坦：《自由市场与社会正义》，金朝武等译，中国政法大学出版社 2002 年版。

18. ［美］丹尼尔·W. 布罗姆利：《经济利益与经济制度——公共政策的理论基础》，陈郁、郭宇峰、汪春译，上海三联书店、上海人民出版社 2006 年版。

19. ［美］赫伯特·西蒙：《现代决策理论的基石——有限理性学说》，杨砾、徐立译，北京经济学院出版社 1989 年版。

20. ［美］缪勒：《公共选择》，王诚译，商务印书馆 1992 年版。

21. ［美］R. 科斯等：《财产权利与制度变迁——产权学派与新制度学派译文集》，刘守英等译，上海三联书店 1991 年版。

22. ［美］R. 科斯等：《财产权利与制度变迁——产权学派与新制度学派译文集》，刘守英等译，上海人民出版社 1994 年版。

23. ［美］丹尼斯·米都斯等：《增长的极限》，李宝恒译，吉林人民出版社 1997 年版。

24. ［美］道格拉斯·C. 诺思：《制度、制度变迁与经济绩效》，杭行译，韦森审校，格致出版社、上海三联书店、上海人民出版社 2008 年版。

25. ［美］伯纳姆：《英美法导论》，林利芝译，中国政法大学出版社 2003 年版。

26. ［美］詹姆斯·威拉德·赫斯特：《美国史上的市场与法律——各利益间的不同交易方式》，郑达轩、石现明、李健译，郑达轩校，法律出版社 2006 年版。

27. ［美］维托·斯泰格利埃诺：《美国能源政策：历史、过程与博弈》，郑世高、刘晓青、孙旭东译，石油工业出版社2008 年版。

28. ［日］植草益：《微观规制经济学》，朱绍文等译，中国经济出版社 1992 年版。

29. ［美］罗斯威尔、［西班牙］戈梅兹：《电力经济学——管制与放松管制》，叶泽译，中国电力出版社 2007 年版。

30. ［美］唐纳德·A. 威特曼：《法律经济学文献精选》，苏力等译，法律出版社 2006 年版。

31. ［美］埃里克·A. 波斯纳：《法律与社会规范》，沈明译，中国政法大学出版社 2003 年版。

（三）国外著作

1. Carsten Corino, *Energy Law in German and Its Foundations in International and European Law*, Verlag C. H. Beck München, 2003.

2. Catherine Mitchell, *The Political Economy of Sustainable Energy*, Palgrave Macmillan, 2008.

3. James E. Hickey, Jr. , Suedeen G. Kelly, Marla E. Mansfield, Joseph P. Tomain, Donald N. Zillman, *Energy Law and Policy for the 21st Century* (Volume I , II) , Rocky Mountain Mineral Law Foundation, Denver, Colorado, 2000.

4. Martha Roggenkamp, *Energy Law in Europe*: *National*, *EU and International Law and Institutions*, Oxford University Press, 2001.

5. *The City Reader*, Third Edition, Routledge Press, 2002.

6. William F. Fox, Jr., *Federal Regulation of Energy* (Volume Ⅰ, Ⅱ), McGraw - Hill Book Company, 1983.

二、论文

（一）国内论文

1. 董力通："电力市场下我国实行可再生能源配额制的研究"，华北电力大学 2006 年硕士学位论文。

2. 王蓉："计及可再生能源配额制的购电策略研究"，华北电力大学 2009 年硕士学位论文。

3. 姜南："可再生能源配额制研究"，山东大学 2007 年硕士学位论文。

4. 宋立鹏："可再生能源配额制在我国实施的适应性研究"，华东政法大学 2008 年硕士学位论文。

5. 朱海："论可再生能源配额制在我国的推行"，上海交通大学 2008 年硕士学位论文。

6. 肖丽娜："绿色和白色证书交易市场在中国的应用研究"，上海交通大学 2008 年硕士学位论文。

7. 付姗璐："我国可再生能源发电配额和强制上网的互补发展模式研究"，浙江工业大学 2008 年硕士学位论文。

8. 谢治国："新中国能源政策研究——对新中国能源政策发展过程的考察分析"，中国科技大学 2006 年博士学位论文。

9. 李艳芳："我国《可再生能源法》的制度构建与选择"，载《中国人民大学学报》2005 年第 1 期。

10. 李艳芳、张牧君："论我国可再生能源配额制的建立——以落实我国《可再生能源法》的规定为视角"，载《政治与法律》2011 年第 11 期。

11. 任东明："MMS 政策的实现方式及其适应性分析"，载《可再生能源》2004 年第 6 期。

12. 刘连玉："对可再生能源配额制的考察与思考"，载《中国电力》2002 年第 9 期。

13. 李家才、陈工："国际经验与中国可再生能源配额制（RPS）设计"，载《太平洋学报》2008 年第 10 期。

14. 罗鑫、张粒子、李才华："国际上鼓励可再生能源发电制度的利弊分析"，载《可再生能源》2006 年第 4 期。

15. 樊杰、孙威、任东明："基于可再生能源配额制的东部沿海地区能源结构优化问题探讨"，载《自然资源学报》2003 年第 4 期。

16. 任东明："关于引入可再生能源配额制若干问题的讨论"，载《中国能源》2007 年 11 期。

17. ［美］N. 福特："可再生能源发电配额制有利于小水电开发"，载《水利水电快报》2006 年第 14 期。

18. 任东明、张宝秀、张锦秋："可再生能源发电配额制政策（RPS）研究"，载《中国人口·资源与环境》2002 年第 2 期。

19. 陈和平、李京京、周篁："可再生能源发电配额制政策的国际实施经验"，载《中国能源》2000 年第 7 期。

20. 顾树华、王白羽："中国可再生能源配额制政策的初步研究"，载《清华大学学报（哲学社会科学版)》2003 年第 S1 期。

21. 王白羽："可再生能源配额制（RPS）在中国应用探讨"，载《中国能源》2004 年第 4 期。

22. 严慧敏："可再生能源配额制的思考"，载《能源研究与利用》2003 年第 5 期。

23. 林志远："可再生能源配额制及广东省实施方案的设计研究"，载《广东电力》2001 年第 6 期。

24. 张式军："可再生能源配额制研究"，载《中国地质大学学报（社会科学版）》2007 年第 2 期。

25. 徐刚："可再生能源强制性市场份额政策研究概况"，载《四川水力发电》2005 年第 S1 期。

26. 秦玠衡、杨䛥："绿色证书交易机制对可再生能源发展的积极作用分析"，载《金融经济》2009 年第 6 期。

27. 刘晓黎等："面向可再生能源配额制的可再生能源优化配额制模型研究"，载《太阳能学报》2008 年第 2 期。

28. 沈顾、孟迪："欧洲绿色证书交易机制及对我国的启示"，载《环境保护》2007 年第 5 期。

29. 单力："配额制搅热可再生能源市场"，载《环境》2007 年第 8 期。

30. 刘京和："浅析我国可再生能源配额制政策的实施及对小水电产生的影响"，载《中国水利》2001 年第 4 期。

31. 周鹏飞："浅析我国实施可再生能源配额制政策的必要性"，载《中国农村水利水电》2001 年第 9 期。

32. 郭力群："实行强制性政策推进可再生能源规模化发展"，载《福建能源开发与节约》2003 年第 2 期。

33. 翁章好、胥莉："信息需求和风险承担——三种可再生能源促进政策的对比"，载《现代管理科学》2008 年第 11 期。

34. 李瑞庆等："英国和德国可再生能源制度比较分析"，载《电力需求侧管理》2009 年第 1 期。

35. 张粒子、李才华、罗鑫："促进我国可再生能源电力发展的政策框架研究"，载《中国电力》2006 年第 4 期。

36. 徐纪贵："德国能源政策浅析"，载《德国研究》2003 年第 3 期。

37. 庄贵阳："能源补贴政策及其改革——为减排提供经济激励"，载《气候变化研究进展》2006 年第 2 期。

38. 王明远："'看得见的手'为中国可再生能源产业撑起一片亮丽的天空？——基于《中华人民共和国可再生能源法》的分析"，载《现代法学》2007 年第 6 期。

39. 李俊峰："《可再生能源法》实施效果评价"，载《〈可再生能源法〉实施一周年座谈会》。

40. 全国人民代表大会环境与资源保护委员会调研室："适应可持续能源结构战略变革　促进可再生能源发展"，载《〈可再生能源法〉实施一周年座谈会》。

41. 王庆一："中国可再生能源现状　障碍与对策——开发利用现状"，载《中国能源》2002 年第 6 期。

42. 梁志鹏："可再生能源发展的必经过程和我国的政策取向"，载《中国能源》2002 年第 5 期。

43. 莫神星："我国能源安全保障法律问题探讨"，载《能源法治与建设和谐社会——2007 年全国环境资源法学研讨会论文集》。

44. 朱兴珊、周大地："如何看待中国的能源安全问题"，载《2002 年中国能源问题研究》，中国环境科学出版社 2003 年版。

45. 任东明："关于建立我国可再生能源发展总量目标制度若干问题探讨"，载《中国能源》2005 年第 4 期。

（二）国外论文及报告

1. Adebayo Adaralegbe, "Energy, Economic Development, the Environment and Effective Global Governance: An Introduction", *I. E. L. T. R.*, 8 (2005).

2. Adrian J. Bradbrook, Rosemary Lyster, Richard Ottinger and Wang Xi, "The Law of Energy for Sustainable Development", *International & Comparative Law Quarterly*, 2005.

3. Alan Nogee, Jeff Deyette and Steve Clemmer, "The Projected Impacts of a National Renewable Portfolio Standard", Available online 23 April 2007.

4. Barry G. Rabe, "Greenhouse & Statehouse: the Evolving State Government Role in Climate Change", November 2002.

5. Barry G. Rabe, "Race to the Top: The Expanding Role of U. S. State Renewable Portfolio Standards", June 2006.

6. Benjamin K. Sovacool, "Christopher Cooper, Congress Got It Wrong: The Case for a National Renewable Portfolio Standard and Implications for Policy", *Envt'l & Energy L. & Pol'y J.* 3 (2008).

7. Benjamin K. Sovacool, Christopher Cooper, "Big Is Beautiful: The Case for Federal Leadership on a National Renewable Portfolio Standard", Available online 20 April 2007.

8. Benjamin K. Sovacool, Christopher Cooper, "Green Means 'Go?' —A Colorful Approach to a U. S. National Renewable Portfolio Standard", Available online 22 August 2006.

9. Benjamin K. Sovacool, Christopher Cooper, "The Hidden Cost of State Renewable Portfolio Standards (RPS)", *Buff. Envtl. L. J.*, 15 (2007~2008).

10. Butler Lucy, Karsten Neuhoff, "Comparison of Feed – in Tariff, Quota and Auction Mechanisms to Support Wind Power Development Renewable Energy", 2008.

11. Carolyn Fischer, "How Can Renewable Portfolio Standards Lower Electricity Prices? ", May 2006.

12. Christine Real de Azua, "The Future of Wind Energy", *Tul. Envtl. L. J.*, 14 (2001).

13. Christopher B. Berendt, "A State – Based Approach to Building a Liquid National Market for Renewable Energy Certificates: The REC – EX Model", Available online 19 June 2006.

14. Christopher Cooper, "A National Renewable Portfolio Standard: Politically Correct or Just Plain Correct? ", Available online 11 July 2008.

15. David Hurlbut, "A Look behind the Texas Renewable Portfolio Standard: A Case Study", *Nat. Resources J.*, 48 (2008).

16. Donald N. Zillman, Catherine Redgwell, Yinka O. Omorogbe and Lila K. Barrera – Hernandez, "Beyond the Carbon Economy: Energy Law in Transition", *I. E. L. R.*, 4 (2008).

17. Ed Holt, Lori Bird, "Emerging Markets for Renewable Energy Certificates: Opportunities and Challenges ", January 2005, NREL/TP – 620 – 37388.

18. Edward A. Holt, Ryan H. Wise, "The Treatment of Renewable Energy Certificates, Emissions Allowances, and Green Power Programs in State Renewables Portfolio Standards", April 2007.

19. Elizabeth Lokey, "Creative Renewable Energy Purchasing Options for Businesses", Available online 15 December 2006.

20. Fred Sissine, "CRS Report for Congress: Renewable Energy Portfolio Standard (RPS): Background and Debate over a National Requirement", Updated September 6, 2007.

21. Giovanna Golini, "Tradable Green Certificate Systems in the E. U. ", *Energy L. J.*, 26 (2005).

22. Governor's Competitiveness Council, "Texas State Energy Plan", July 2008.

23. Ida Martinac, "Considering Environmental Justice in the Decision to Unbundle Renewable Energy Certificates", *Golden Gate U. L. Rev.*, 35 (2005).

24. Jacob Lemming, "Financial Risks for Green Electricity Investors and Producers in a Tradable Green Certificate Market", Available online 4 September 2002.

25. James W. Moeller, "Of Credits and Quotas: Federal Tax Incentives for Renewable Resources, State Renewable Portfolio Standards, and the Evolution of Proposals for a Federal Renewable Portfolio Standard", *Fordham Envtl. L. Rev.*, 15 (2004).

26. Janet L. Sawin, Renewables Global Status Report 2009 update.

27. Jeff Deyette, Steve Clemmer, "Increasing the Texas Renewable Energy Standard: Economic and Employment Benefits", www. ucsusa, February 2005.

28. John Norris, "FERC Technical Conference on Generation Inter Connection Queue", December 11, 2007.

29. Joshua P. Fershee, "Changing Resources, Changing Market: The Impact of a National Renewable Portfolio Standard on the U. S. Energy Industry", *Energy L. J.*, 29 (2008).

30. Karlynn S. Cory, Blair G. Swezey, "Renewable Portfolio Standards in the States: Balancing Goals and Rules", Available online 23 April 2007.

31. Lori A. Bir, Edward Holt, Ghita Levenstein Carroll, "Implications of Carbon Cap – and – Trade for US Voluntary Renewable Energy Markets", Available online 8 April 2008.

32. Louis A. Villaire, "State Renewable Energy Portfolio Standards: Case Studies, Panel Paper Presented at the Annual Meeting of the Midwest Political Science Association Chicago ", *IL*, April 3, 2008.

33. Marc W. Chupka, "Designing Effective Renewable Markets", Available online 30 April 2003.

34. Mark Jaccard , Chen Hepin, Li Jingjing, "Renewable Portfolio Standard: A Tool for Environmental Policy in the Chinese Electricity Sector", Available online 5 January 2009.

35. Mary Ann Ralls, "Congress Got It Right: There's No Need to Mandate Renewable Portfolio Standards ", *Energy L. J.* , 27 (2006).

36. Michael Gillenwater, "Redefining RECs—Part 1: Untangling Attributes and Offsets", Available online 9 April 2008.

37. Michael Gillenwater, "Redefining RECs—Part 2: Untangling Certificates and Emission Markets", Available online 16 April 2008.

38. Mohit Goyal, Rakesh Jha, "Introduction of Renewable Energy Certificate in the Indian Scenario", Available online 18 October 2008.

39. N. H. van der Linden, M. A. Uyterlinde, C. Vrolijk, L. J. Nils-

son, J. Khan, K. Astrand, K. Ericsson, R. H. Wiser, "Review of International Experience with Renewable Energy Obligation Support Mechanisms", May 2005.

40. P. E. Morthorst, "The Development of a Green Certificate Market", Available online 30 October 2000.

41. Pallab Mozumder, Achla Marathe, "Gains from an Itegrated Market for TradableRenewable Energy Credits", Available online 19 June 2004.

42. Patrick R. Jacobi, "Renewable Portfolio Standard Generator Applicability Requirements: How States Can Stop Worrying and Learn to Love the Dormant Commerce Clause", *Vt. L. Rev.*, 30 (2006).

43. Peter Fristrup, "Some Challenges related to Introducing Tradable Green Certificates", Available online 25 August 2002.

44. "Report for the North Carolina Utilities Commission: A Study of the Feasibility of Energy Efficiency as an Eligible Resource as Part of a Renewable Portfolio Standard for the State of North Carolina", Prepared and Submitted by GDS Associates, Inc., December 2006.

45. Rex J. Zedalis, "International Energy Law", *Env. L. Rev.*, 2002.

46. Robert J. Michaels, "A National Renewable Portfolio Standard: Politically Correct, Economically Suspect", Available online 15 April 2008.

47. Robert J. Michaels, "National Renewable Portfolio Standard: Smart Policy or Misguided Gesture?", *Energy L. J.*, 29 (2008).

48. Robert J. Michaels, "Renewable Portfolio Standards: Still No

Good Reasons", Available online 17 October 2008.

49. Robert L. Bamberger, Carl E. Behrens, "Energy Policy: Comprehensive Energy Legislation (H. R. 6) in the 109th Congress", Updated July 29, 2005, Received through the CRS Web.

50. Robin J. Lunt, "Recharging U. S. Energy Policy: Advocating for a National Renewable Portfolio Standard", *UCLA J. Envtl. L. & Pol'y*, 25 (2006 ~ 2007).

51. Ronald H. Rosenberg, "Diversifying America's Energy Future: The Future of Renewable Wind Power", *Va. Envtl. L. J.*, 26 (2008).

52. Ryan Wiser, Christopher Namovicz, Mark Gielecki, Robert Smith, "The Experience with Renewable Portfolio Standards in the United States", Available online 24 April 2007.

53. Ryan Wiser, Kevin Porter, Robert Grace, Chase Kappel, "Evaluating State Renewables Portfolio Standards: A Focus on Geothermal Energy", 2003.

54. Ryan Wiser, Christopher Namovicz, Mark Gielecki, Robert Smith, "Renewables Portfolio Standards: A Factual Introduction to Experience from the United States", *The Electricity Journal*, April 2007.

55. Ryan Wiser, Kevin Porter, Mark Bolinger, "Comparing State Portfolio Standards and System – benefits Charges under Restructuring", 2000.

56. Ryan Wiser, Ole Langniss, "The Renewables Portfolio Standard in Texas: An Early Assessment", November 2001, http: //eetd. lbl. gov/EA/EMP/.

57. Sara Poli, "National Schemes Supporting the Use of Electricity Produced from Renewable Energy Sources and the Community Legal Framework", *J. Envtl. L.* , 14 (2002).

58. Stephanie Switzer, "International Trade Law and the Environment: Designing a Legal Framework to Curtail the Import of Unsustainable Produced Biofuels", *J. I. T. L. & P.* , 2007.

59. Trent Berry, Mark Jaccard, "The Renewable Portfolio Standard: Design Considerations and an Implementation Survey", Available online 8 January 2001.

60. X, "Forget a Federal RPS —Here's an Idea that Will Work", *The Electricity Journal*, 2009.

61. Janet L. Sawin, Freyr Sverrisson, "Renewables 2014 Global Status Report", *Renewable Energy Policy Network for the 21st Century*, 6 June 2014.